Hallihallo,

Mensch, bist du schon groß – viel riesiger als wir Lesemonster! Du weißt nicht, was ein Lesemonster ist? Aufgepasst, wir verraten es dir:

Wir lieben das Lesen
mehr als alles andere!

Zahlen finden wir
ziemlich langweilig!

Leseübungen erfinden
ist unser Hobby!

Mit unserem Leseheft kannst du **selbstständig** (das heißt ganz alleine) **üben**. Nur eine Hilfe brauchst du noch: Bitte einen Erwachsenen, den Lösungsteil und die Urkunde in der Heftmitte herauszutrennen!

Nach jeder Aufgabe, die du bearbeitet hast, darfst du ...

- mit dem **Lösungsteil** kontrollieren, ob alles richtig ist, und vielleicht auch mal das ein oder andere verbessern!
- den bunten Buchstaben (rechts oder links unten im Eck) auf der **Urkunde** suchen und das Feld ausmalen! Lösungsteil und Urkunde findest du in der Heftmitte.

So und jetzt geht's los! Viel Spaß beim Lesen wünschen dir

Mimo und Pumo

Teil 1: Es geht los!

1 Mimo und Pumo

Von uns Lesemonstern gibt es gar nicht mehr so viele! Das ist sehr traurig! Viele Kinder sitzen oft vor dem Fernseher oder spielen Computer. Dann können sie uns Lesemonster gar nicht sehen. Wir treiben uns nämlich meistens in der Nähe von Büchern oder Zeitungen herum! Unsere Wohnung ist eine Höhle unter dem Bücherregal. Sieh doch mal zu Hause nach – vielleicht wohnen unsere Freunde ja bei dir!

1a Zwei Sätze sind richtig! Kreuze sie an!

Lesemonster ...

- ◯ gibt es noch viele!
- ◯ gibt es nur noch wenige!
- ◯ lieben Zahlen!
- ◯ lieben Bücher!

1b Wo wohnen Lesemonster? Kreise das richtige Bild ein!

Male das Feld mit diesem Buchstaben auf deiner Urkunde in der Heftmitte aus!

N

2 Monsterfreunde

Lesemonsternamen klingen für Menschenkinder komisch. Aber: Unsere Namen verraten dir, wie wir aussehen!

Jeder Lesemonstername wird aus zwei Wörtern gebildet.

Pumo	kommt von	**Punktemonster**
Mimo	kommt von	**Minimonster**

2a Bestimmt kannst du die Namen unserer Freunde erraten! Verbinde!

Brimo (Brillenmonster)

Stemo (Sternenmonster)

Blumo (Blumenmonster)

Schlamo (Schlafmonster)

2b Und wie ist dein Monstername? Trage die ersten zwei oder drei Buchstaben deines Vornamens ein!

3 Im Spielzimmer

3a Lies die Wörter genau und teile sie mit Strichen!

Kopf
Kopf|kissen

Fenster
Fenstergriff

Eisen
Eisenbahn
Eisenbahnwaggon

Puppen
Puppenwagen
Puppenwagendecke

Spiel
Spielzimmer
Spielzimmerlicht
Spielzimmerlichtschalter

Lese
Lesemonster
Lesemonsterhaar
Lesemonsterhaarband

3b Lies **auf jedem Zettel** die **längsten Wörter** und **male nur diese Dinge** im Bild **aus**!

4 Durch den Irrgarten

Mimo und Pumo suchen den Weg zur Schatztruhe! Wer sich darin versteckt, erfährst du, wenn du auf dem Weg die Silben einsammelst und daraus einen Satz bildest!

ver geh
ge te nam
Haus
Es
bon tier
so
na
bei
ger
ihr
mer Di
no ne
Mo
sen sich An
ton
steckt zer Mi

Wie Anton aussieht, kannst du im Lösungsteil bei Aufgabe 4 nachschlagen!

5 Buchstabenpyramiden

Hier **fehlt in jeder Pyramide ein Buchstabe**. Welcher?

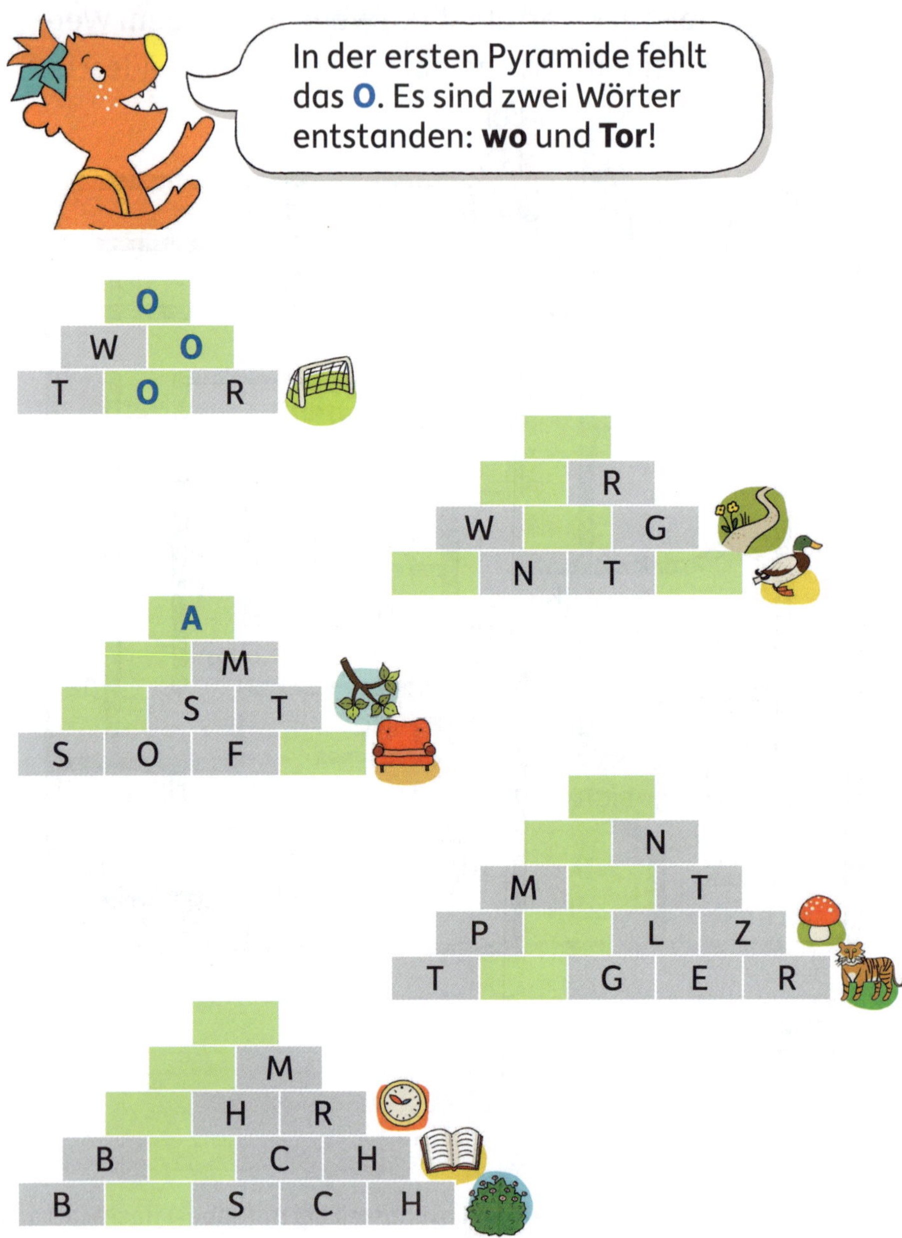

6 Das bin ich und das bist du

6a Lies ganz genau und vergleiche, ob Mimo und Pumo wirklich so aussehen!

Wir haben beide lustige Sommersprossen. Meine Haut ist blau. Deine Haut ist orange. Wir haben beide eine gelbe Nase.

Deine Latzhose ist gepunktet. Ich habe einen Zopf und du hast Fühler. Unsere Schwänze sehen aus wie Pfeile.

6b Oh nein, Mimo hat die Buchstabenkiste umgeworfen. Suche die unterstrichenen Wörter aus den Sprechblasen und kreise sie ein!

N	T	S	D	B	L	A	U	G
A	S	P	F	E	I	L	E	T
S	X	Z	W	A	I	L	A	Z
E	B	O	U	U	D	R	U	J
G	E	P	U	N	K	T	E	T
R	M	F	Ü	H	L	E	R	U

7 Mit Helm? Das ist doch klar!

Ohne Helm soll man nicht Rad fahren. Das ist viel zu gefährlich!
Aber ohne Helm bin ich viel hübscher! Es wird schon nichts passieren!

7a Warum möchte Mimo keinen Helm tragen?

- ◯ Mimo schwitzt unter dem Helm.
- ◯ Mimo findet sich ohne Helm schöner.
- ◯ Mimo denkt, dass sie keinen Unfall haben wird.

7b Bestimmt weißt du, dass man beim Fahrradfahren einen Helm tragen sollte. Weißt du auch, warum?

- ◯ Um den Kopf bei einem Unfall zu schützen.
- ◯ Um die Nase vor der Sonne zu schützen.
- ◯ Um auszusehen wie ein schneller Rennradfahrer.

▶ Male Mimo einen Fahrradhelm auf ihren Kopf!
Wenn du möchtest, kannst du das Bild bunt ausmalen!

8 Familie Schönwetter im Garten

8a Wer ist wer? Lies und ordne die Buchstaben zu!

- [O] Papa Matthias steht hinter dem Sandkasten.
- [ ] Mama Tina sitzt im kaputten Auto.
- [ ] Baby Isabelle spielt im Sandkasten.
- [ ] Tochter Amelie rutscht wie eine Wilde.
- [ ] Onkel Klaus schiebt das Auto an.
- [ ] Emil, der Sohn, steht neben der Rutsche.
- [ ] Opa Hugo sitzt am Tisch.
- [ ] Tante Sarah stellt Blumen auf den Tisch.

8b **Nur eine Person** fehlt noch! Lies die Buchstaben von oben nach unten und kreise die fehlende Person ein!

R

9 Rätselschlangen

- Lies nur den ersten Satz.
- Streiche die Bilder durch, die **nicht** zu dem Satz **passen**!
- Lies dann weiter Satz für Satz! Welches Bild bleibt übrig?

Es ist eine Frucht.

Es ist eine Frucht mit einer gelben Schale.

Es ist eine Frucht mit einer gelben Schale und saurem Geschmack.

Es ist ein Fahrzeug.

Es ist ein blaues Fahrzeug.

Es ist ein blaues Fahrzeug mit vier Reifen.

Es ist ein blaues Fahrzeug mit vier sehr großen Reifen.

10 Eine Haus-Mal-Anleitung

▶ Lies **zuerst den ganzen Text** langsam und genau!

Male ein graues Haus.
Das Haus hat eine blaue Haustüre mit einem roten Herz.
Im ersten Stock hat es zwei Fenster mit grünen Rahmen.
Das Dach hat rote Ziegel und einen schwarzen Schornstein. Aus dem Schornstein steigt grauer Rauch.
Rechts vom Haus steht ein Auto. Es ist rot.
Links neben dem Haus steht eine braune Bank.
Auf der Bank sitzt eine schwarze Katze.

10a Lies noch einmal und lege dir **nur die bunten Stifte** bereit, die du zum Malen brauchst. Es sind ☐ Farben.

10b Male nun ein Bild zum Text!

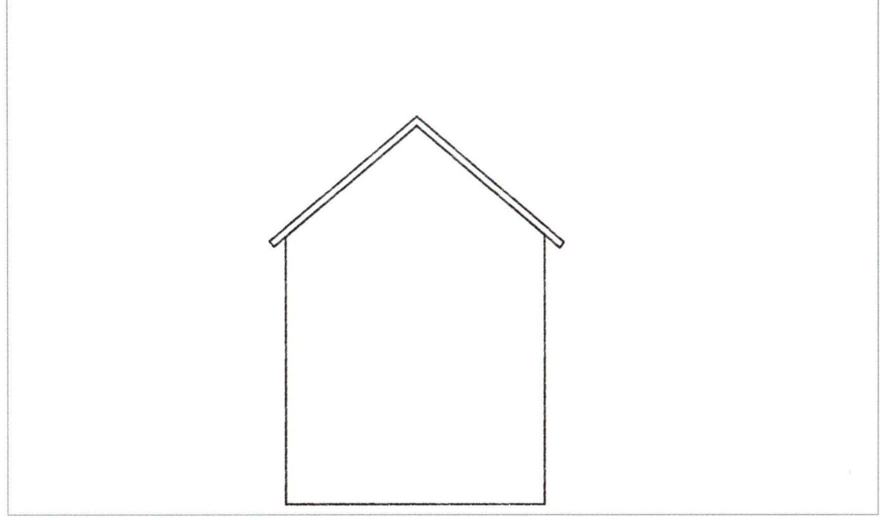

11 Gedichtememory

Die Kinder waren fleißig und haben viele Gedichte gelernt.

▶ Welches Gedicht gehört zu welcher Feier? Schreibe die Zahlen in die Sprechblasen!

1 Silvesterparty	**2** Weihnachten	**3** Ostern
4 Nikolausfeier	**5** Geburtstagsfeier	**6** Muttertag

Ach, du lieber Nikolaus,
komm ganz schnell in unser Haus.
Hab so viel an dich gedacht!
Hast mir doch was mitgebracht?

Mama, du, ich hab dich lieb,
möchte dich ganz fest drücken.
Willst du einen Kuss von mir,
dann musst du dich bücken! ☐

Heut zu deinem Geburtstagsfeste
wünsch ich dir das Allerbeste! ☐

„Prosit Neujahr!“,
rufen wir alle aus.
Das neue Jahr
bringt Glück ins Haus! ☐

Fichten, Lametta, Kugeln und Lichter,
Bratapfelduft und frohe Gesichter,
Freude am Schenken – das Herz wird so weit.
Ich wünsche allen eine fröhliche Weihnachtszeit! ☐

Ich wünsch mir was, ich wünsch mir was,
du lieber guter Osterhas,
ein großes Ei aus Schokolade,
wie ich es noch nie gesehen habe! ☐

▶ Gefällt dir ein Gedicht besonders gut? Vielleicht hast du ja Lust, es auswendig zu lernen und jemandem aufzusagen, den du gerne magst!

12 Julia hat viele Gesichter

Julia ist ein fröhliches Mädchen. Sie lacht gerne und viel, aber niemand kann immer nur fröhlich sein!

12a Ordne die Sätze den Gesichtern zu. Verbinde!

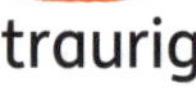

fröhlich

ängstlich

Julia bekommt ein Geschenk.

Julia hat sich verletzt.

Julia ist allein im Dunkeln.

Julia hat etwas verloren.

Julia darf einen Freund besuchen.

Julia hört eine Gruselgeschichte.

Julia backt mit Mama einen Kuchen.

12b Setze die Punkte am Satzende! Es sind 7 Sätze!

Julia und Klara sind auf dem Spielplatz Sie spielen Ball Klara ist Julias beste Freundin Sie hat keine Lust mehr zu spielen Klara wirft den Ball über den Zaun Julia wird wütend Klara entschuldigt sich und holt den Ball

12c Vervollständige die Sätze unten! Trage die Lösungen in das Gitterrätsel ein!

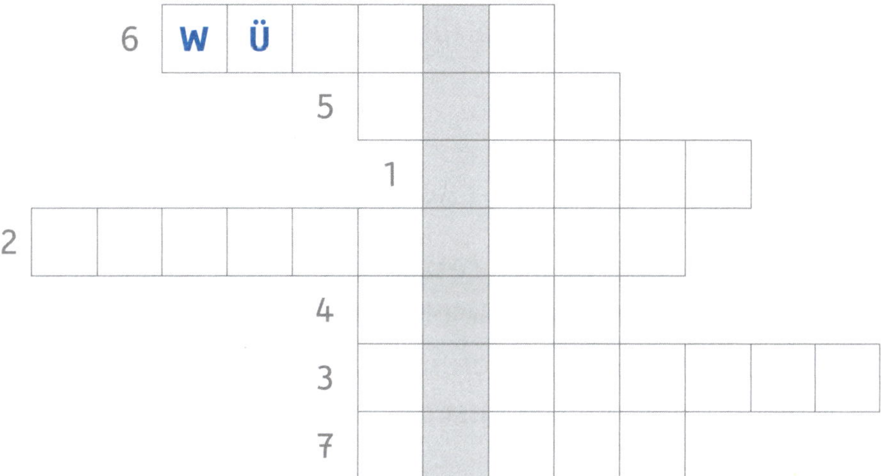

Tipp: Du findest alle Wörter im Text! Achte darauf, sie richtig zu schreiben!

1 Julias Freundin heißt …
2 Sie sind auf dem …
3 Klara ist Julias beste …
4 Die Mädchen spielen mit dem …
5 Klara wirft den Ball über den …
6 Julia findet das doof. Sie wird …
7 Klara muss den Ball wieder …

12d Vertragen sich Julia und Klara wieder? Lies die Antwort in den grauen Kästchen von oben nach unten!

13 Kennst du mich?

Mimo, Pumo und ihr Haustier Dino Anton spielen gerade im Garten. Womit? Das erfährst du, wenn du die Rätsel für sie löst!

13a Lies genau! Schreibe die Lösungswörter in die Kästchen!

Auf mich kannst du dich setzen. Oft findest du mich im Garten oder auf dem Spielplatz. Du musst dich gut festhalten, damit du nicht herunterfällst. Wenn dir jemand Schwung gibt, dann kannst du auf mir fast den Himmel berühren.

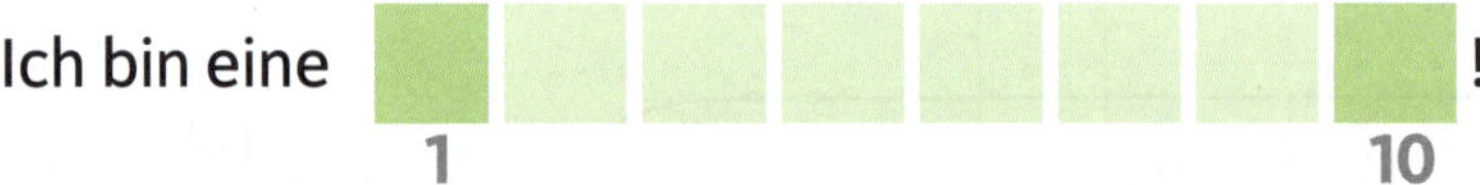

Jedes Jahr am 11. November leuchte ich. Die Kinder tragen mich durch die Straßen und singen Lieder vom Heiligen Martin.

Im Winter verstecke ich mich an einem geschützten Ort und mache einen langen Winterschlaf. Schnecken und Würmer schmecken mir gut. Ich habe ein schwarzes Schnäuzchen und viele Stacheln auf dem Rücken.

Ich wachse im Wald und habe einen roten Hut mit weißen Punkten auf. Du darfst mich ja nicht essen – ich bin nämlich sehr giftig! Übrigens: Man schreibt mich mit ie!

Ich bin ein  !

Ich bin ein Riese. Schnell laufen kann ich auch, aber das sieht man mir nicht an. Meine Haut ist grau und dick. In Afrika bin ich zu Hause. Du erkennst mich an meinem Horn.

Ich bin ein 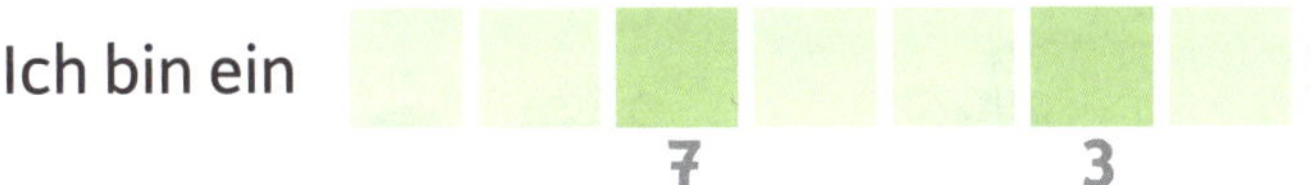 !

13b Trage nun die richtigen Buchstaben ein!

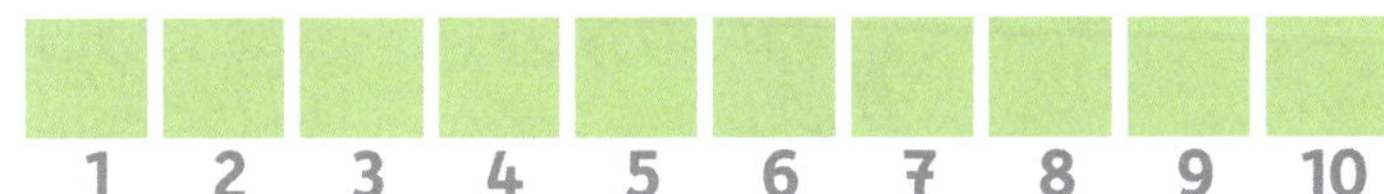

▶ Male dazu, was fehlt!

Teil 2: Jetzt wird es schwieriger!

14 In der Monsterschule

Morgens um 8 Uhr treffen sich die Monsterkinder in ihrem Klassenzimmer. Alle freuen sich über das Wiedersehen nach den Ferien. Plötzlich entsteht ein großes Durcheinander – die Kinder finden ihre Sitzplätze nicht! Jedes kleine Monster sagt der Lehrerin, wo es gerne sitzen möchte:

Pumo: „Ich muss unbedingt neben Stemo sitzen!"

Mimo: „Blumo als Banknachbarin wäre toll!"

Blumo: „Ich setze mich schon mal in die erste Reihe. Es ist mir egal, wer neben mir sitzt!"

Stemo: „Schlamo und ich gehören zusammen!"

Brimo: „Wenn ich keinen Platz in der ersten Reihe bekomme, dann sehe ich ja gar nichts!"

Schlamo: „Hinter Brimo sitzen wäre super, gähn!"

▶ Verzwickt! Wer sitzt neben wem und wo?
Schneide die Monster aus und **lege sie auf ihre Plätze**!
Klebe sie erst auf, wenn du die Lösung gefunden hast!

Tipp: Überlege zuerst, wer in der 1. Reihe sitzt!

15 Auf dem Spielplatz ist was los

„Keiner spielt mit mir!“, denkt sich Lara und verdrückt sich gerade noch ein Tränchen. Da klingelt es an der Tür. Martin ist vorbeigekommen. „Lass uns auf den Spielplatz gehen!“, schlägt er vor. Schnell schnappt sich Lara ihre Schuhe und los geht es.

Am Spielplatz angekommen treffen die beiden viele Freunde.

Katharina und Nikolas spielen beim Zelt.

Johanna und Marlena haben ihre Puppen in der Hand.

Matteo und Anna sind auf das Baumhaus geklettert.

Sarah und Elias hüpfen von einem Stein zum anderen.

Jana und Jonas rutschen auf der Elefantenrutsche.

Lasse und Ali klettern auf dem Schiff herum.

Lara und Martin laufen zum Baumhaus. „Lasst bitte die Strickleiter hinunter!“, rufen sie nach oben.

15a Mit welchen Kindern wollen Lara und Martin im Baumhaus spielen?

- ◯ Johanna und Marlena
- ◯ Lasse und Ali
- ◯ Matteo und Anna
- ◯ Katharina und Nikolas

15b Wie heißen diese Kinder? Verbinde!

Lara	Nikolas	Martin	Elias

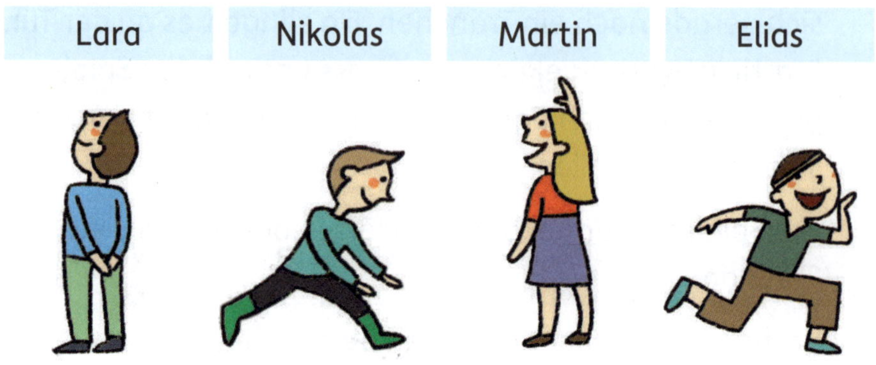

15c Wer spielt mit wem? Verbinde **mit dem Lineal**!

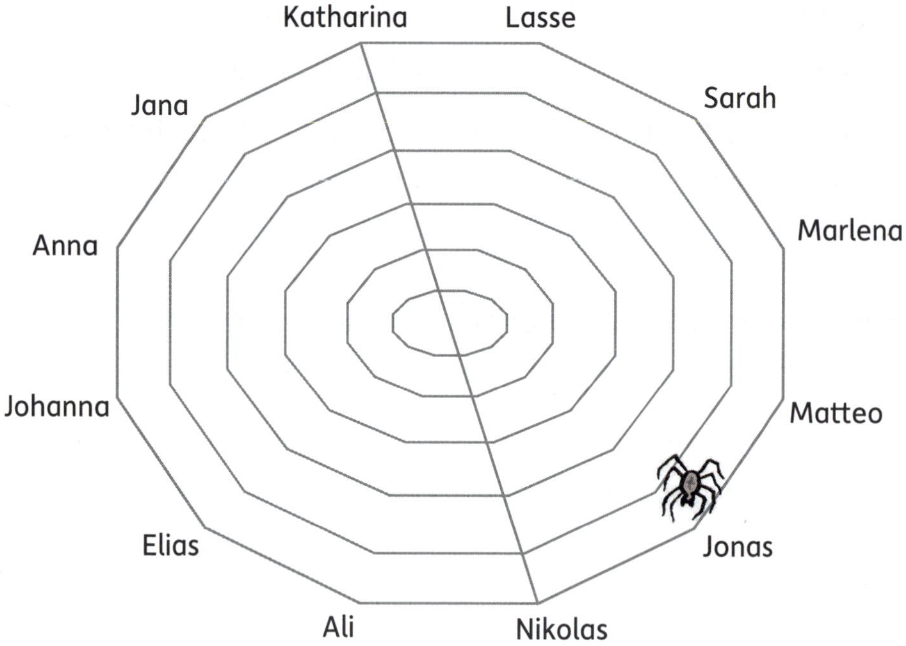

Katharina
Lasse
Jana
Sarah
Anna
Marlena
Johanna
Matteo
Elias
Jonas
Ali
Nikolas

15d Richtig oder falsch? Kreuze an!

	☺	☹
Katharina und Jonas verstecken sich im Zelt.		
Das Schiff hat Fenster.		
Sarah und Elias sind am Fluss.		
Neben der Bank liegt eine Bananenschale.		
Lasse und Ali haben ihre Puppen dabei.		
Matteo ist auf dem Baumhaus.		
Lara hat Martin abgeholt.		

15e Welche Dinge siehst du auf dem Spielplatzbild?

- ○ eine Rutsche
- ○ einen Eimer
- ○ eine Brotdose
- ○ eine Schaukel
- ○ einen Apfel
- ○ ein Fahrrad
- ○ eine Fahne
- ○ ein Trampolin

15f Wo würdest du auf diesem Spielplatz spielen wollen?

16 Vom Riesen Timpetu

Pst! Ich weiß was. Hört mal zu!
War einst ein Riese Timpetu.
Der arme Bursche* hat – oh Graus –
im Schlafe nachts verschluckt 'ne Maus.

Er lief zum Doktor Isegrimm:
„Ach Doktor! Mir geht's heute schlimm.
Ich hab im Schlaf 'ne Maus verschluckt,
die sitzt im Leib und kneipt* und druckt."

Der Doktor war ein kluger Mann,
man sah's ihm an der Nase an.
Er hat ihm in den Hals geguckt.
„Wie? Was? 'ne Maus habt Ihr verschluckt?
Verschluckt 'ne Miezekatz dazu,
so lässt die Maus Euch gleich in Ruh."

von Alwin Freudenberg

Lesemonster-Mini-Wörterbuch

Bursche = Junge, Bub

es kneipt im Leib = es kneift/zwickt im Bauch

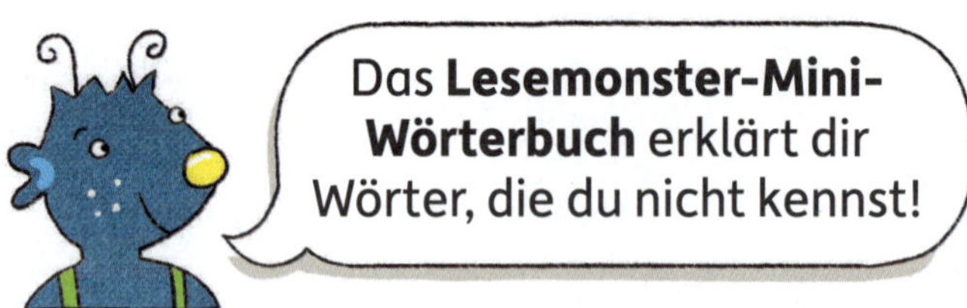

16a Unterstreiche die Reimwörter im Gedicht! Verwende für jeden Reim eine neue Farbe!

16b Was hat der Riese Timpetu verschluckt?

○ ein Haus ○ eine Maus ○ eine Laus

16c Wie heißt der Doktor?

16d Warum soll Timpetu eine Katze schlucken?

○ Maus und Katze können miteinander spielen.
○ Der Riese hat dann keinen Hunger mehr.
○ Die Katze kann die Maus im Bauch fressen.

16e Würdest du dem Riesen auch empfehlen, die Katze zu essen? Begründe!

○ Ja. ○ Nein.

17 Bruno ist verschwunden

Mimo läuft auf ihrem Schulweg an dieser Suchanzeige vorbei:

HILFE – Unser Hund ist entlaufen!

Unser Bruno ist verschwunden.
Er ist ein mittelgroßer weißer Hund.
Auf seinem Rücken hat er einen schwarzen Fleck.
Seine Pfoten sind rabenschwarz.
Er hat ein weißes und ein schwarzes Ohr.
Er trägt ein rotes Halsband mit einem Glöckchen.
Wer ihn gefunden hat, bringt ihn bitte zu
Lena in den Kronenweg 7.

Da entdeckt Mimo plötzlich auf der anderen Straßenseite einen Hund, der ganz alleine unterwegs ist.

Das könnte Bruno sein. Er ist ein mittelgroßer weißer Hund. Auf seinem Rücken sehe ich einen schwarzen Fleck. Seine Pfoten sind schwarz. Seine Ohren sind schwarz. Er trägt ein rotes Halsband und hat sogar ein Glöckchen daran.

17a Ein Satz in beiden Texten ist Wort für Wort gleich.
Unterstreiche ihn rot!

17b Male die Hunde in den richtigen Farben an!

Diesen Hund sucht Lena! **Diesen Hund sieht Mimo!**

17c Hat Mimo den richtigen Hund gefunden?

◯ Ja, weil …   ◯ Nein, weil …

18 Grüße aus der Ferne

Grüezi Mama und Papa!
Das Wandern mit Oma und Opa macht mir viel Spaß. Wir haben heute schon einen hohen Berg bestiegen. Opa hat ein Foto vom Gipfelkreuz gemacht.
Ein dickes Bussi aus der Schweiz sendet euch Theresa

1

Aloha Frau Eder,
nach einem sehr langen Flug sind wir endlich auf Hawaii angekommen. Alle tragen Blumenketten um den Hals und die Frauen haben Blüten im Haar. Liebe Grüße sendet Ihnen und der Klasse 2a
Leoni

2

Ahoi Tante Moni!
Mir ist schon ganz schlecht von den vielen Wellen. Unser Boot schaukelt den ganzen Tag wie wild und in der Nacht falle ich fast aus meiner Koje. Außerdem ist es hier im Norden bitterkalt. Schlotternde Grüße von deinem Sebastian

3

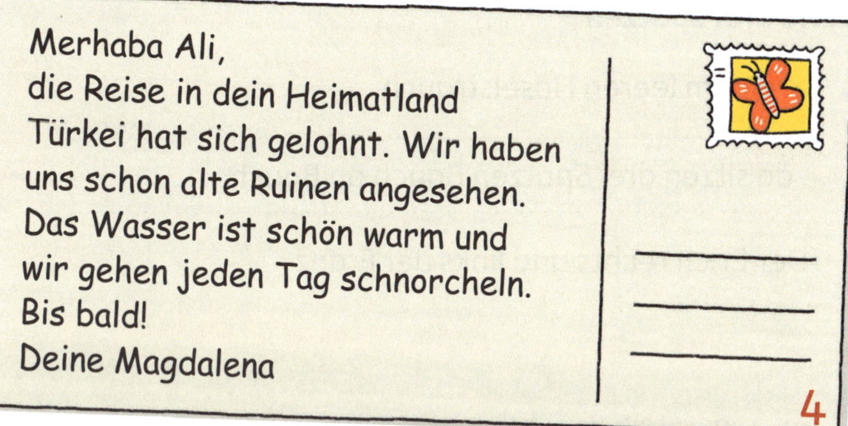

Merhaba Ali,
die Reise in dein Heimatland
Türkei hat sich gelohnt. Wir haben
uns schon alte Ruinen angesehen.
Das Wasser ist schön warm und
wir gehen jeden Tag schnorcheln.
Bis bald!
Deine Magdalena

4

18a Ordne die Urlaubsfotos den Postkarten zu!

18b Schreibe die richtigen Namen in die Zeilen!

1. Wer macht Urlaub auf einem Schiff?

____

2. Wer bekommt eine Karte aus Hawaii?

____

3. Mit wem wandert Theresa in den Bergen?

____

4. Wer kommt aus der Türkei?

____

19 Die drei Spatzen

In einem leeren Haselstrauch,

da sitzen drei Spatzen Bauch an Bauch.

Der Erich rechts und links der Franz

Sie haben die Augen zu, ganz zu,

Sie rücken zusammen, dicht an dicht,

Sie hören alle drei ihrer Herzlein Gepoch,

Christian Morgenstern

Lesemonster-Mini-Wörterbuch

Spatzen = kleine grau-braune Vögel

ihrer Herzlein Gepoch = ihren Herzschlag

19a Schneide die Zeilen unten aus!
Klebe sie an die richtige Stelle im Gedicht.

19b Schreibe die Namen der Vögel in die Bäuche!
Kürze ab: H = Hans, E = Erich, F = Franz

links | rechts

19c „So warm wie der Hans hat's niemand nicht", weil ...

- ◯ er der dickste Spatz ist.
- ◯ er eine Mütze trägt.
- ◯ er in der Mitte sitzt.
- ◯ er eine Wärmflasche hat.

S

---

und mittendrin der freche Hans.

so warm wie der Hans hat's niemand nicht.

und wenn sie nicht weg sind, so sitzen sie noch!

und obendrüber, da schneit es, hu!

20 Am Frühstückstisch

Es ist 7 Uhr! Nina stürmt gut gelaunt ins Esszimmer.

Mama: Guten Morgen, mein Schatz!

Nina: Hallo Mama! Ich hab eine tolle Idee. Darf ich Leon zum Spielen einladen?

Mama: Na klar, aber heute geht es nicht. Du hast einen Zahnarzttermin.

Nina: Oh nein! Und morgen ist meine Tanzstunde!

Mama: Dann frag doch, ob er am Donnerstag oder Freitag zu uns kommen möchte.

Nina: Au ja, super. Um drei Uhr wäre gut. Hoffentlich findet er den Weg zu uns in den Igelweg 7!

Mama: Schreib ihm doch noch unsere Telefonnummer auf. Dann könnt ihr alles genau besprechen.

Nina: Genau, die 36734. Ich freu mich schon so ...

Nina gestaltet für Leon eine Einladung zum Spielen.
Die Einladung hat aber noch einige Lücken! Fülle sie aus!

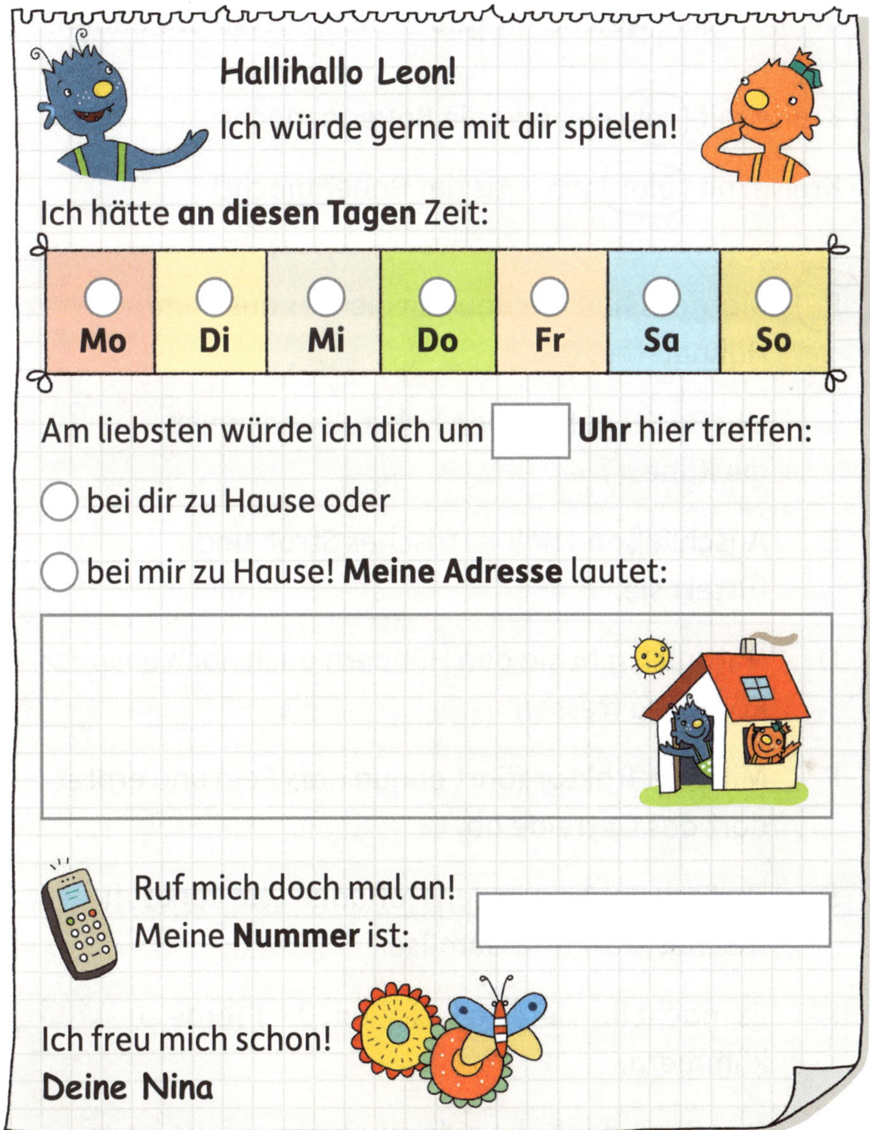

Hallihallo Leon!

Ich würde gerne mit dir spielen!

Ich hätte **an diesen Tagen** Zeit:

○	○	○	○	○	○	○
Mo	**Di**	**Mi**	**Do**	**Fr**	**Sa**	**So**

Am liebsten würde ich dich um ☐ **Uhr** hier treffen:

○ bei dir zu Hause oder

○ bei mir zu Hause! **Meine Adresse** lautet:

Ruf mich doch mal an!
Meine **Nummer** ist:

Ich freu mich schon!
Deine Nina

Möchtest du deinen Freunden auch so eine Einladung geben? Auf Seite 83 findest du eine Kopiervorlage!

21 Urlaub auf dem Bauernhof

Mimo und Pumo machen Urlaub auf dem Bauernhof. Sie beobachten, welche Aufgaben die Bauersleute haben!

21a Kreise mit rot ein, was die Bäuerin macht!

Kreise mit blau ein, was der Bauer macht!

R Morgens holt die Bäuerin die Eier aus dem Hühnerstall.

S Der Bauer geht in den Kuhstall und melkt die Kühe.

E Anschließend holt er frisches Stroh und füttert sie.

O Natürlich gibt sie den Hühnern auch noch ein paar Körner zu fressen.

P Mit dem Traktor fährt er nun aufs Feld und erntet dort das Getreide ab.

S Danach geht sie in den Hofladen und verkauft frisches Obst und Gemüse.

I Es macht ihr viel Spaß, sich um die Pferde zu kümmern.

P Den Zaun der Kuhweide zu reparieren, ist harte Männerarbeit.

21b Schreibe nun die Buchstaben in die Kreise.
Achte auf die richtige Reihenfolge!

Wir heißen ◯◯◯◯ und ◯◯◯◯

Da lachen ja die Hühner

Ein kleiner Junge beobachtet einen Bauern beim Melken. Am nächsten Morgen tobt der Bauer: „Meine Kuh ist weg!“ Der Junge sagt: „Weit kann sie ja nicht sein. Sie haben ihr ja gestern den Tank leer gepumpt!“

Zwei Kühe stehen auf einer Wiese, da sagt die eine: „Warum schüttelst du dich die ganze Zeit?“ Sagt die zweite: „Ich habe morgen Geburtstag und dafür muss ich schon mal die Sahne schlagen.“

22 Ein monstermäßiger Tag

▶ Lies den Text Satz für Satz! Finde heraus, welche Wörter zu den Sätzen passen. Male das richtige Wort an, streiche das falsche Wort durch!

Morgens um drei Uhr wachen kleine Lesemonster ~~Menschenkinder~~ normalerweise auf. Bevor sie aufstehen, müssen sie natürlich ein dickes Handtuch Buch lesen. Danach grummelt ihr Bauch Arm und sie frühstücken ausgiebig: Postkarte mit Marmelade oder Zeitung mit Wurst! Mit ihren turboschnellen schneckenlahmen Raketenrollern machen sich die Monsterkinder auf den Weg in die Schule. Am besten gefällt ihnen dort die Sonne Sportstunde, denn Bücherweitwurf und Zeitungshüpfen machen einfach riesigen Spaß. Am Auto Nachmittag treffen sich die Lesemonster zum Streichespielen. Besonders lustig finden sie es, die Menschenkinder beim Erledigen ihrer Hausaufgaben zu stören tauchen und ihnen die Stifte zu verstecken. Kurz vor dem Abendessen müssen sie noch ihre Monsterhöhle Küche aufräumen – wie öde! Bücher wieder ins Regal, Zeitungen auf einen Stapel, Postkarten und Briefe in die Kiste – Ordnung Unordnung muss sein! Nach einer endlos langen Gute-Nacht-Geschichte schlafen die Monsterkinder erschöpft hellwach mit den Füßen auf dem Kopfkissen ein.

▶ Lies den Text mit den richtigen Wörtern dreimal laut!

23 Meine Mama nervt

Nach der Schule geht es schon los! Mama ruft: „Gleich ins Bad und Hände waschen!“ Natürlich muss ich meine Hände auch nach dem Spielen im Garten sauber machen. Vor dem Essen darf ich es nicht vergessen und nach dem Essen auch nicht. Nach der Toilette riecht Mama an meinen Händen! Sie möchte wissen, ob ich Seife benutzt habe. Das nervt mich wirklich! Aber eigentlich hat Mama ja Recht.

23a Verbinde: **vor** oder **nach**? Ich wasche meine Hände …

dem Toilettengang	**vor**	dem Essen
der Schule	**nach**	dem Spielen im Garten

23b Händewaschen hilft dir dabei, gesund zu bleiben! Aber nur, wenn du es richtig machst! Wie das geht, zeigen dir die Bilder! Nummeriere sie in der richtigen Reihenfolge!

24 Wo ist Teddy?

Das Zeltlager der 2. Klasse war ein aufregendes Abenteuer. Zwei Nächte nicht im eigenen Bett schlafen, das machte Sarah schon ein bisschen Angst.
Neben Elias kuschelte sie sich abends in ihren Schlafsack. „Mein Teddy!“, rief Sarah plötzlich ganz entsetzt. „Er muss noch im Bus liegen!“
Hand in Hand schlichen die beiden Kinder hinaus. Es war so dunkel, dass man die eigene Hand kaum vor Augen sehen konnte. „Ich habe Angst!“, flüsterte Sarah in Elias Ohr. Sie tasteten sich vorsichtig bis zum Ende des Zauns. „Mir schlottern auch ein wenig die Knie!“, raunte der Junge. „Aber gemeinsam schaffen wir das schon.“
Sie überquerten eine stockfinstere Blumenwiese und kamen zum Brunnen. „Weit kann es nicht mehr sein!“, wisperte Elias. Beide gingen um den Brunnen herum und kletterten dann über einen Holzstapel.
„Jetzt nur noch über die Brücke und dann sind wir schon am Parkplatz“, murmelte Sarah und sie hatte Recht. Vor ihnen tauchte der gelbe Bus auf.
Mit dem Kuscheltier in der Hand machten sich die beiden auf den Rückweg. Da fiel es Elias plötzlich auf ...

Lesemonster-Mini-Wörterbuch

raunen, wispern = flüstern

schlottern = zittern

stockfinster = sehr dunkel

24a Wann bemerkt Sarah, dass ihr Teddy nicht da ist?

- ◯ beim Abendessen
- ◯ beim Schlafengehen

24b Wen nimmt Sarah mit auf die Suche?

- ◯ ihren Freund Elias
- ◯ ihre Freundin Elisa
- ◯ ihre Freundin Elsa
- ◯ ihren Freund Silas

24c Zeichne den Weg der Kinder ein!

24d Was könnte Elias am Ende der Geschichte sagen?

- ◯ „Ich hab ja gar keine Schuhe an!“
- ◯ „Ich denke, wir sind einen riesigen Umweg gelaufen.“
- ◯ „Jetzt schnell auf dem gleichen Weg wieder zurück!“

X

25 Heute schon gelacht?

Ein neugieriger Breitmaulfrosch geht spazieren. Er trifft auf eine Herde Schafe und quakt: „Waaaas maaaacht ihr daaaa?“ „Wir grasen!“, blöken die Schafe.

Der Frosch hüpft weiter und trifft auf ein paar Pferde. Er fragt: „Waaaas maaaacht ihr daaaa?“ „Wir grasen!“, wiehern die Pferde.

Der Frosch hüpft weiter und trifft auf einen Storch. „Waaaas maaaachst du daaaa?“, quakt er. Da sagt der Storch: „Ich suche Breitmaulfrösche. Die schmecken mir so gut!“ Da versichert der Breitmaulfrosch mit spitzem Maul: „Oh, die gübt's hier gar nücht ...“

▶ Vergleiche beide Witze und finde **noch 9 Unterschiede**! Kreise im unteren Text ein!

Ein neugieriger Breitmaulfrosch ging spazieren. Er trifft auf eine Herde Ziegen und quakt: „Waaaas maaaacht ihr daaaa?“ „Wir grasen!“, antworten die Schafe.

Der Frosch hüpft lustig weiter und trifft sieben Pferde. Er fragt: „Waaaas maaaacht ihr daaaa?“ „Wir grasen!“, sagen die Pferde.

Der Frosch hüpft weiter und trifft auf den Storch. „Waaaas maaaachst du daaaa?“, quakt er. Da sagt der Storch: „Ich suche Breitmaulfröschchen. Die schmecken mir immer so gut!“ Da versichert der Breitmaulfrosch mit spitzem Mund: „Oh, die gübt's hier gar nücht ...“

26 Breitmaulfrösche: Gibt's die wirklich?

Ja, es gibt sie wirklich, aber leider nicht bei uns! Breitmaulfrösche leben dort, wo es schön warm ist, nämlich in Südamerika.

In Deutschland werden sie wegen ihres riesigen Mauls Breitmaulfrösche genannt. Man bezeichnet sie aber auch als Hornfrösche, weil sie über jedem Auge einen Zipfel nach oben stehen haben. Diese Zipfel sehen aus wie kleine Hörner.

Oft sitzen die Breitmaulfrösche regungslos unter Blättern versteckt da und warten auf ihre Beute. Sie fressen gerne Spinnen, Insekten, Eidechsen und auch kleine Jungvögel.

Eigentlich versuchen diese Frösche alles zu fressen, was in ihr riesengroßes Maul hineinpasst!

26a Wo leben Breitmaulfrösche?

○ in Südafrika ○ in Südamerika ○ in Schweden

26b In welchen Zeilen stehen diese Wörter?

Auge ☐ Blättern ☐ Eidechsen ☐

Lesemonster-Mini-Wörterbuch

man bezeichnet = man nennt sie

regungslos = ganz still, man bewegt sich nicht

Teil 3: Für Leseprofis!

27 Wo feiert Valentin?

Hannah ist zu Valentins Geburtstagsfeier eingeladen. Mama hat leider keine Zeit, sie dorthin zu bringen. Sie erklärt Hannah den Weg zu Valentins Haus ganz genau:

Hannah, hör mir gut zu! Zuerst gehst du unsere Straße entlang an den großen Bäumen vorbei. Nach der Rutsche musst du links abbiegen. Dann siehst du schon die Weide von Bauer Wagner und seine Kühe. Dort biegst du rechts ab. Am Ende des Ententeichs biegst du wieder links ab und dann siehst du gleich auf der linken Seite Valentins Haus. Du wirst den Weg bestimmt finden, mein Schatz!

27a Zeichne Hannahs Weg in die Karte ein!

Tipp: Überlege dir, in welche Richtung Hannah gerade läuft und bestimme dann, auf welcher Seite **aus Hannahs Sicht** rechts und auf welcher Seite links ist!

Besser lesen

2. Klasse

Lösungen

Dieser Lösungsteil ist herausnehmbar!
Klammern in der Mitte des Heftes öffnen!

1a Lesemonster ...

- ◯ gibt es noch viele!
- ⊗ gibt es nur noch wenige!
- ◯ lieben Zahlen!
- ⊗ lieben Bücher!

1b

Die Lesemonster leben in einer Höhle unter dem Bücherregal.

2a

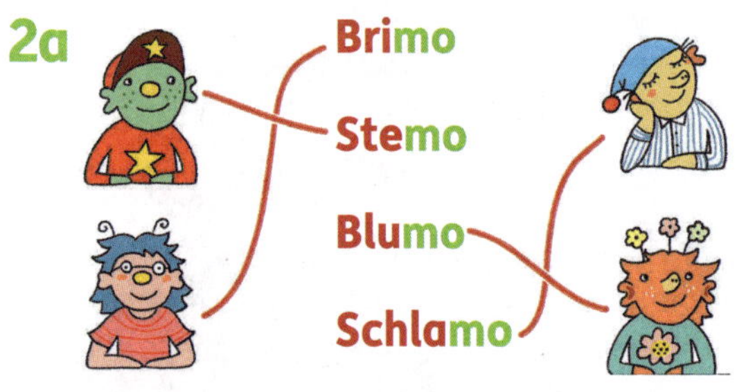

2b Sicherlich hast auch du einen lustigen Monsternamen. Trage ihn auch auf deiner Urkunde in der Heftmitte ein.

3a

3b

4 Es versteckt sich ihr Haustier Dino Anton.

5

6a Ja, so sehen Mimo und Pumo aus.

6b

N	T	S	D	B	L	A	U	G
A	S	P	F	E	I	L	E	T
S	X	Z	W	A	I	L	A	Z
E	B	O	U	U	D	R	U	J
G	E	P	U	N	K	T	E	T
R	M	F	Ü	H	L	E	R	U

7a ☒ Mimo findet sich ohne Helm schöner.
☒ Mimo denkt, dass sie keinen Unfall haben wird.

7b ☒ Um den Kopf bei einem Unfall zu schützen.

8a

O Papa Matthias steht hinter dem Sandkasten.

M Mama Tina sitzt im kaputten Auto.

A Baby Isabelle spielt im Sandkasten.

G Tochter Amelie rutscht wie eine Wilde.

E Onkel Klaus schiebt das Auto an.

R Emil, der Sohn, steht neben der Rutsche.

T Opa Hugo sitzt am Tisch.

I Tante Sarah stellt Blumen auf den Tisch.

8b Es fehlt Oma Gerti: 

9

    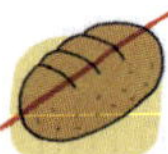

10a Es sind 6 Farben.

10b

11

12a

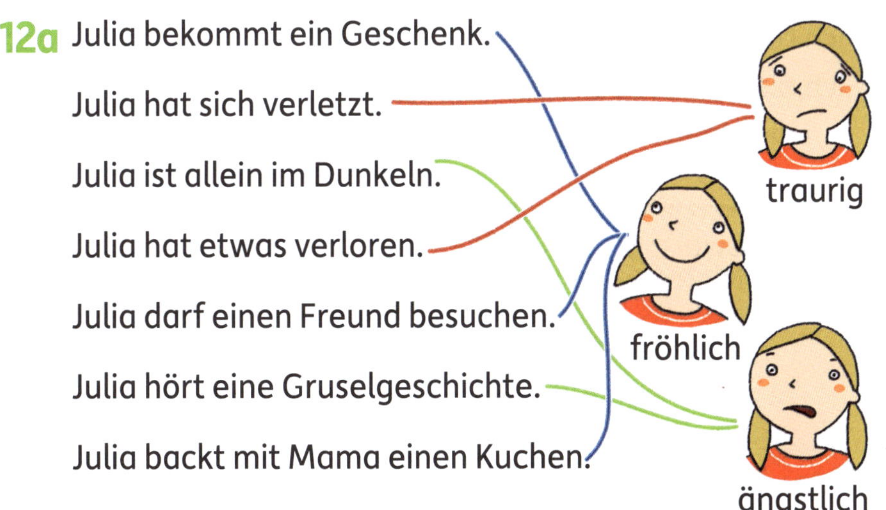

12b

Julia und Klara sind auf dem Spielplatz. Sie spielen Ball. Klara ist Julias beste Freundin. Sie hat keine Lust mehr zu spielen. Klara wirft den Ball über den Zaun. Julia wird wütend. Klara entschuldigt sich und holt den Ball.

12c

		6	W	Ü	T	E	N	D					
					5	Z	A	U	N				
						1	K	L	A	R	A		
2	S	P	I	E	L	P	L	A	T	Z			
					4	B	A	L	L				
					3	F	R	E	U	N	D	I	N
					7	H	O	L	E	N			

12d Na klaro!

13a Ich bin eine **SCHAUKEL**!
Ich bin eine **LATERNE**!
Ich bin ein **IGEL**!
Ich bin ein **FLIEGENPILZ**!
Ich bin ein **NASHORN**!

13b Lösungswort: **SPRINGSEIL**

14

15a ☒ Matteo und Anna

15b

15c

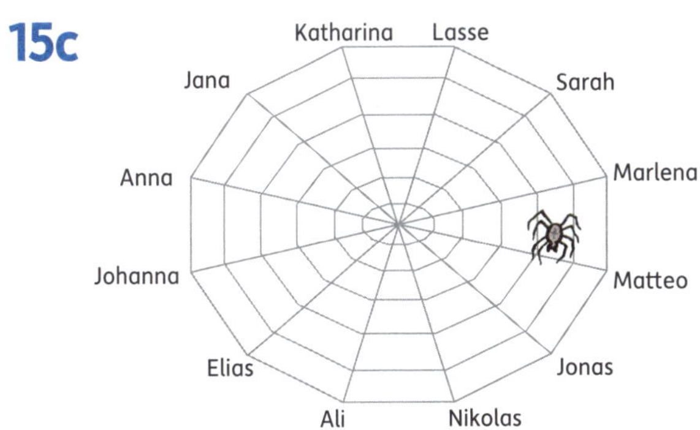

15d

	☺	☹
Katharina und Jonas verstecken sich im Zelt.		☒
Das Schiff hat Fenster.	☒	
Sarah und Elias sind am Fluss.	☒	
Neben der Bank liegt eine Bananenschale.		☒
Lasse und Ali haben ihre Puppen dabei.		☒
Matteo ist auf dem Baumhaus.	☒	
Lara hat Martin abgeholt.		☒

15e ⊗ eine Rutsche
⊗ einen Eimer
○ eine Brotdose
⊗ eine Schaukel
⊗ einen Apfel
○ ein Fahrrad
⊗ eine Fahne
○ ein Trampolin

15f Sicherlich hast du deinen Lieblingsplatz auf unserem Spielplatz gefunden.

16a
Pst! Ich weiß was. Hört mal zu!
War einst ein Riese Timpetu.
Der arme Bursche hat – oh Graus –
im Schlafe nachts verschluckt 'ne Maus.

Er lief zum Doktor Isegrimm:
„Ach Doktor! Mir geht's heute schlimm.
Ich hab im Schlaf 'ne Maus verschluckt,
die sitzt im Leib und kneipt und druckt."

Der Doktor war ein kluger Mann,
man sah's ihm an der Nase an.
Er hat ihm in den Hals geguckt.
„Wie? Was? 'ne Maus habt Ihr verschluckt?
Verschluckt 'ne Miezekatz dazu,
so lässt die Maus Euch gleich in Ruh."

16b ○ ein Haus ⊗ eine Maus ○ eine Laus

16c Er heißt Doktor Isegrimm.

16d ☒ Die Katze kann die Maus im Bauch fressen.

16e Es gibt verschiedene richtige Lösungen:

☒ Nein. Wenn der Riese eine Katze verschluckt, würde er noch mehr Bauchweh bekommen.

☒ Nein. Es ist Tierquälerei, eine lebendige Katze zu essen.

☒ Nein. Der Riese hat sicher keine Maus verschluckt, sondern aus einem anderen Grund Bauchweh. Deshalb kann eine Katze im Bauch auch keine Maus fressen.

17a Der Satz, der in beiden Texten gleich ist, lautet:
Er ist ein mittelgroßer weißer Hund.

17b

17c ☒ Nein, weil der Hund, den Mimo gesehen hat, zwei schwarze Ohren hat. Bei Lenas Hund ist ein Ohr weiß.

18a

18b 1. Sebastian 2. Frau Eder 3. Oma und Opa 4. Ali

19a So lautet das Gedicht von Christian Morgenstern:

Die drei Spatzen

In einem leeren Haselstrauch,
da sitzen drei Spatzen Bauch an Bauch.

Der Erich rechts und links der Franz
und mittendrin der freche Hans.

Sie haben die Augen zu, ganz zu,
und obendrüber, da schneit es, hu!

Sie rücken zusammen, dicht an dicht,
so warm wie der Hans hat's niemand nicht.

Sie hören alle drei ihrer Herzlein Gepoch,
und wenn sie nicht weg sind, so sitzen sie noch!

19b

19c „So warm wie der Hans hat's niemand nicht", weil
- ○ er der dickste Spatz ist.
- ○ er eine Mütze trägt.
- ☒ er in der Mitte sitzt.
- ○ er eine Wärmflasche hat.

Hallo du fleißiger Leser!

Auf dieser Seite verraten wir dir, wie du zu einem richtigen Lesemonster werden kannst.

- Trenne zuerst die Urkunde aus deinem Heft heraus, dann musst du nicht nach jeder Aufgabe blättern.
- Bearbeite eine Aufgabe und kontrolliere genau.
- Nach jeder Aufgabe findest du unten im Eck einen Buchstaben. Suche den Buchstaben auf der Urkunde und male das Feld in der entsprechenden Farbe aus!

So bekommst du eine wunderschöne, bunte Lese- urkunde und gehörst dann zu uns Lesemonstern!

Viel Erfolg wünschen dir

Mimo und Pumo

B
Y
h
w
o
f
E
m
g
n
a
i
v
C
j
u
s
q
l
T
W
A
J
e
Q
r
N
H
F
P
R
M
Z
K
X
G

URKUNDE

Hiermit wird

(Trage hier deinen Namen ein!)

feierlich in die Familie der

LESEMONSTER

aufgenommen und darf sich ab heute

MO

(Trage hier die ersten zwei oder drei Buchstaben deines Namens ein!)

nennen!

Herzlichen Glückwunsch!
Mimo und Pumo

20

Hallihallo Leon!
Ich würde gerne mit dir spielen!

Ich hätte **an diesen Tagen** Zeit:

Mo	Di	Mi	Do	Fr	Sa	So
○	○	○	☒	☒	○	○

Am liebsten würde ich dich um 3 **Uhr** hier treffen:

○ bei dir zu Hause oder

☒ bei mir zu Hause! **Meine Adresse** lautet:

Igelweg 7

Ruf mich doch mal an!
Meine **Nummer** ist: 36734

Ich freu mich schon!
Deine Nina

21a

(R) Morgens holt die Bäuerin die Eier aus dem Hühnerstall.

(S) Der Bauer geht in den Kuhstall und melkt die Kühe.

(E) Anschließend holt er frisches Stroh und füttert sie.

(O) Natürlich gibt sie den Hühnern auch noch ein paar Körner zu fressen.

(P) Mit dem Traktor fährt er nun aufs Feld und erntet dort das Getreide ab.

(S) Danach geht sie in den Hofladen und verkauft frisches Obst und Gemüse.

(I) Es macht ihr viel Spaß, sich um die Pferde zu kümmern.

(P) Den Zaun der Kuhweide zu reparieren, ist harte Männerarbeit.

21b Wir heißen **Rosi** und **Sepp**.

22 Morgens um drei Uhr wachen kleine Lesemonster ~~Menschenkinder~~ normalerweise auf. Bevor sie aufstehen, müssen sie natürlich ein dickes ~~Handtuch~~ Buch lesen. Danach grummelt ihr Bauch ~~Arm~~ und sie frühstücken ausgiebig: Postkarte mit Marmelade oder Zeitung mit Wurst! Mit ihren turboschnellen ~~schneckenlahmen~~ Raketenrollern machen sich die Monsterkinder auf den Weg in die Schule. Am besten gefällt ihnen dort die ~~Sonne~~ Sportstunde, denn Bücherweitwurf und Zeitungshüpfen machen einfach riesigen Spaß. Am ~~Auto~~ Nachmittag treffen sich die Lesemonster zum Streichespielen. Besonders lustig finden sie es, die Menschenkinder beim Erledigen ihrer Hausaufgaben zu stören ~~tauchen~~ und ihnen die Stifte zu verstecken. Kurz vor dem Abendessen müssen sie noch ihre Monsterhöhle ~~Küche~~ aufräumen – wie öde! Bücher wieder ins Regal, Zeitungen auf einen Stapel, Postkarten und Briefe in die Kiste – Ordnung ~~Unordnung~~ muss sein! Nach einer endlos langen Gute-Nacht-Geschichte schlafen die Monsterkinder erschöpft ~~hellwach~~ mit den Füßen auf dem Kopfkissen ein.

23a

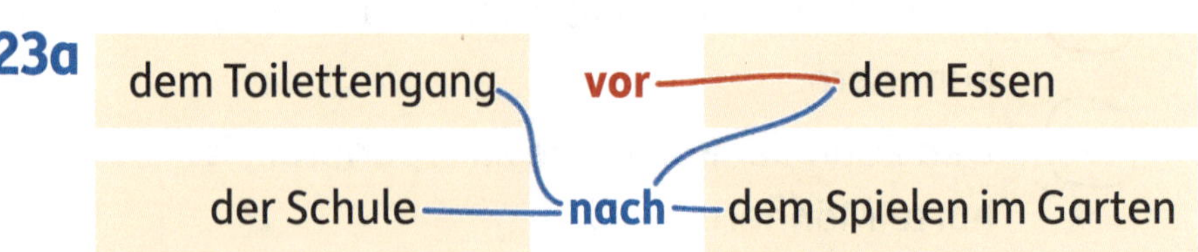

23b

24a ○ beim Abendessen ☒ beim Schlafengehen

24b ☒ ihren Freund Elias ○ ihre Freundin Elisa
○ ihre Freundin Elsa ○ ihren Freund Silas

24c

24d ☒ „Ich denke, wir sind einen riesigen Umweg gelaufen."

25 Ein neugieriger Breitmaulfrosch ging spazieren. Er trifft auf eine Herde Ziegen und quakt: „Waaaas maaaacht ihr daaaa?" „Wir grasen!", antworten die Schafe.

Der Frosch hüpft lustig weiter und trifft sieben Pferde. Er fragt: „Waaaas maaaacht ihr daaaa?" „Wir grasen!", sagen die Pferde.

Der Frosch hüpft weiter und trifft auf den Storch. „Waaaas maaaachst du daaaa?“, quakt er. Da sagt der Storch: „Ich suche Breitmaulfröschchen. Die schmecken mir immer so gut!“ Da versichert der Breitmaulfrosch mit spitzem Mund: „Oh, die gübt’s hier gar nücht …“

26a ○ in Südafrika ☒ in Südamerika ○ in Schweden

26b Auge 8 Blättern 11 Eidechsen 12

27a

27b ○ Valentin erklärt Hannah den Weg. B
☒ Hannah muss zweimal links abbiegen. C
○ Hannah geht an allen Reihenhäusern vorbei. U
☒ Auf ihrem Weg sieht sie den Hof von Bauer Wagner. D
○ Valentin lebt auf dem Bauernhof. S

Eine **CD**!

28a

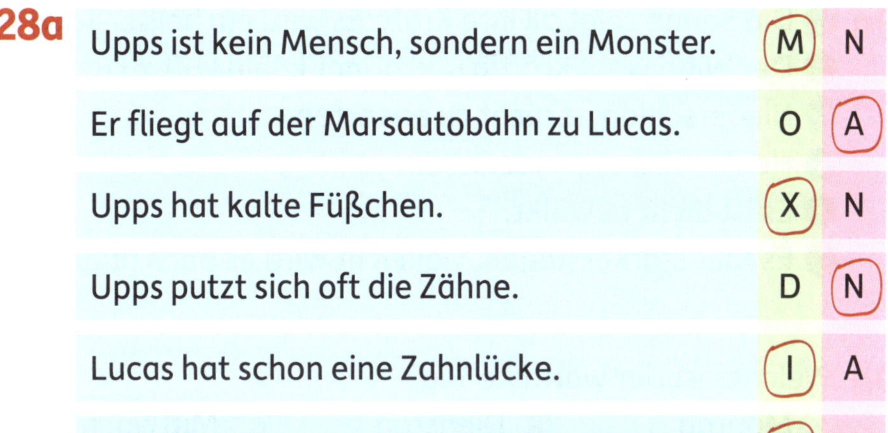

Upps ist kein Mensch, sondern ein Monster.	(M)	N
Er fliegt auf der Marsautobahn zu Lucas.	O	(A)
Upps hat kalte Füßchen.	(X)	N
Upps putzt sich oft die Zähne.	D	(N)
Lucas hat schon eine Zahnlücke.	(I)	A
Upps hat noch alle seine Monsterzähnchen.	(X)	P

28b Upps kommt vom Planeten **M A X N I X** !

28c

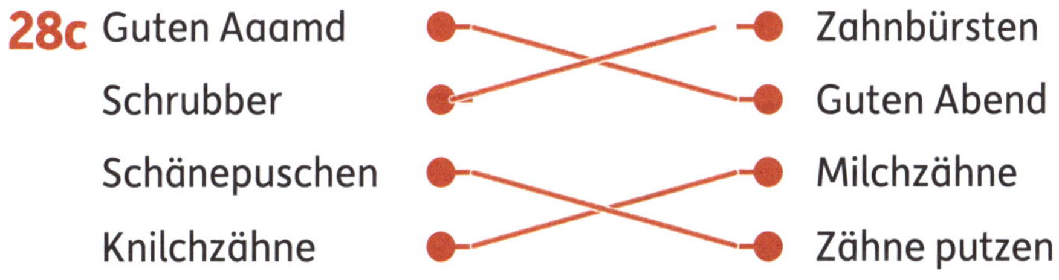

28d Sie steht in Zeile 35 !

28e ☒ Er hat sie herausgedreht. Sie haben schon gewackelt.

28f

Die Zahnteufelchen verjagst du am besten mit deiner Zahnbürste und Zahnpasta!

29a

- 🔵 Die Sonne zeigt all ihre Kraft. Es wird ein heißer Tag.
- 🔴 Der Wind weht kräftig und bringt kühle Luft zu uns.
- 🔵 Niederschlag ist nicht zu erwarten.
- 🔵 Heute wird es windstill sein.
- 🔴 Es ist dicht bewölkt.
- 🔴 Es fällt starker Regen, vielleicht wird es auch hageln.

29b Welcher ist der wärmste Tag?

○ Montag ⊗ Dienstag ○ Mittwoch

An welchen **zwei Tagen** brauchst du Gummistiefel?

⊗ Montag ○ Dienstag ⊗ Mittwoch

Wann würdest du einen Drachen steigen lassen?

○ Montag ○ Dienstag ⊗ Mittwoch

An welchem Tag regnet es nicht?

○ Montag ⊗ Dienstag ○ Mittwoch

30a In dieser Reihenfolge musstest du die fehlenden Überschriften eintragen:

1. Südseeträume
2. Schiff in Sicht
3. Ein Wikinger am Strand

30b

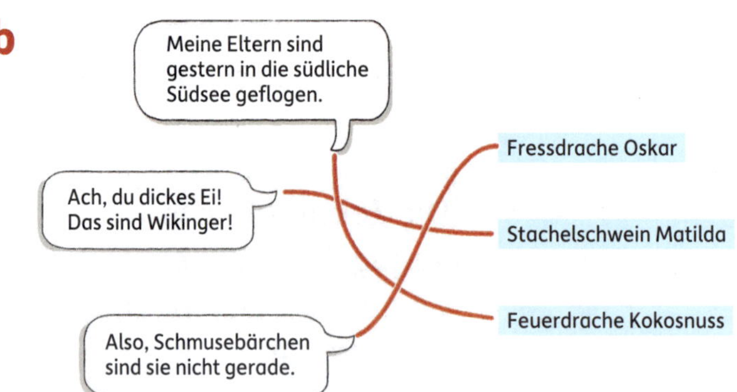

30c

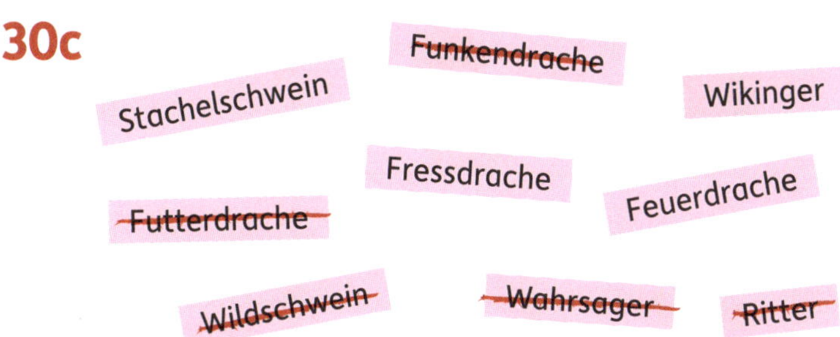

30d 1 + 3 + 4 + 7 + 8 = 23

31 LASS UNS UNTER DINO ANTONS BETTDECKE EINE MAUS VERSTECKEN!

32a

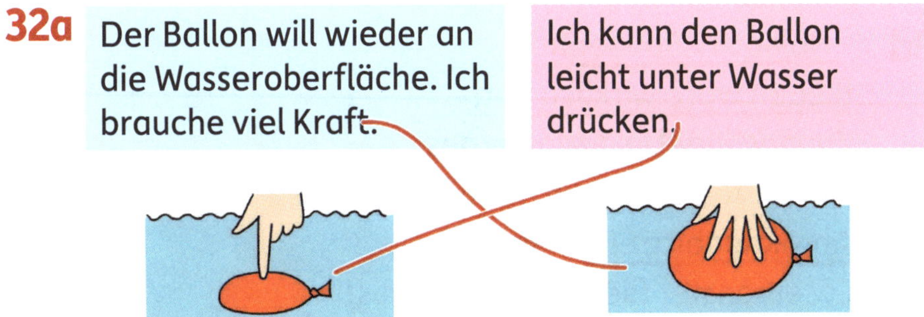

32b Fische pupsen, weil ...

☒ die Luft in ihrem Körper sie sonst an die Wasseroberfläche treiben würde!

33a ○ Mimo ○ Pumo ☒ Dino Anton ○ Hokipoki

33b

33c Dino Anton traut seinen **Augen** kaum. Vor ihm steht Mimo und an ihrem **Schwanz** hängt eine Fledermaus. Aber noch unglaublicher ist, dass an seinem **Kopf** doch tatsächlich Flügel hängen. Oh, nein! Eigentlich sollten die Flügel doch am **Rücken** der Lesemonster sein!

33d

„Hokipoki, Sonnenhut,
fliegen wäre wirklich gut,
Zauberflügel im Monsternest
klebt E N D L I C H an ihren Rücken fest!
Abrakadabra, ei-der-daus,
Lesemonster fliegen hoch hinaus!“

35a Ferdinand ist erst …

☒ 387 Jahre alt. ◯ 378 Jahre alt.

35b Der kleine Vampir fliegt mit …

☒ seinen kleinen Geschwistern umher.

☒ seinen Eltern umher.

Lösungen

35c Ferdinand kann ...

◯ keine Blumen stehlen. ⊗ kein Blut sehen.

35d Das ist ihm ...

⊗ peinlich. ◯ egal.

35e Lea braucht keine Angst vor Ferdinand zu haben, weil ...

⊗ er kein Blut mag und sie deshalb nicht beißen würde.

35f Ferdinand war müde, ...

⊗ hatte Hunger und ihm war schlecht.

35g „Das Weite suchen" bedeutet:

⊗ diesen Ort verlassen.

35h „Mit eisernem Griff" bedeutet:

⊗ jemanden sehr fest halten.

35i Welcher Satz kommt im Abschnitt vor?

☒ Ich mag aber kein Blut und deshalb hab ich solchen Hunger!

35j

35k Ferdinand isst so gerne **Salami**.

36

1	7	3	11	2	5

Das fliegende Lesemonster für die Bastelanleitung auf Seite 64/65.

27b Kreuze nur die **richtigen** Sätze an!

- ◯ Valentin erklärt Hannah den Weg. B
- ◯ Hannah muss zweimal links abbiegen. C
- ◯ Hannah geht an allen Reihenhäusern vorbei. U
- ◯ Auf ihrem Weg sieht sie den Hof von Bauer Wagner. D
- ◯ Valentin lebt auf dem Bauernhof. S

Die angekreuzten Buchstaben sagen dir, was Hannah für Valentin verpackt hat?

Eine ___ ___ !

28 Upps will Schulzähne haben

Das **Upps** ist ein liebenswertes, kleines Monster von einem fernen Planeten. Eines Abends saß es plötzlich auf der Fensterbank von **Lucas** und die beiden wurden Freunde. Auch heute Abend bekommt Lucas wieder Besuch …

„Normal sagt man Guten Aaaamd!“, quiekt das Upps. „Hast du das vergessen?“

„Nichts hab ich vergessen!“ ruft Lucas und lässt das kleine struppige Monster auf seine Hand klettern.

„Guten Abend, Upps! Du hast ja ganz kalte Füßchen!“

„Bin auch mit Lichtgeschwindigkeit auf der Mondscheinautobahn durch das Weltall gerast“, grinst das Upps und kuschelt sich behaglich in die warme Hand.

Da muss Lucas lachen. Das kleine Monster deutet auf die Zahnlücke in Lucas’ Mund und kichert:

„Hihihi! Wie siehst du denn aus? Wer hat dir die Zähne geklaut?“

„Ich selber. Die haben gewackelt und dann hab ich sie herausgedreht.“

„Auweia!“, sagt das Upps. „Hat’s wehgetan?“

„Nur ein klitzekleines bisschen“, sagt Lucas.

Upps klettert von Lucas’ Hand, läuft zu seinem Bettchen und ruft: „Das kommt davon!“

„Wovon?“, fragt Lucas erstaunt.

„Weil ihr Menschen mit Schrubbern die Zähne fegt“, meint das Upps.

„Du meinst, das kommt vom Zähneputzen?“

„Ja, vom Schänepuschen!“, nickt das Upps. „Oder nicht?“

„Falsch geraten, Gänsebraten!“, sagt Lucas. „Das kommt davon, dass bei allen Kindern die Milchzähne herausfallen, wenn sie alt genug dafür sind.“

„Alt genug wofür?“

„Alt genug, um bald in die Schule zu gehen. Da wachsen dann die Schulzähne. Die brauchen mehr Platz als die Milchzähne.“

„Hab noch alle meine Knilchzähne“, sagt das Upps und fährt mit seinem grünen Zeigefinger an seinen winzigen Zähnchen entlang.

„Es heißt Milchzähne!“, verbessert ihn Lucas und lacht.

„Will auch Knilch-Milch- äh Schulzähne haben!“, mault das Upps.

„Erst muss dein Mund groß genug dafür sein!“

„Mein Mund ist gaaaanz groß!“, ruft das Upps und reißt den Rachen auf, dass man seine winzigen Monsterzähne sehen kann.

Ursel Scheffler

28a Richtig oder falsch – kreise ein!

	☺	☹
Upps ist kein Mensch, sondern ein Monster.	M	N
Er fliegt auf der Marsautobahn zu Lucas.	O	A
Upps hat kalte Füßchen.	X	N
Upps putzt sich oft die Zähne.	D	N
Lucas hat schon eine Zahnlücke.	I	A
Upps hat noch alle seine Monsterzähnchen.	X	P

28b Schreibe nun die Buchstaben der Reihe nach in die Kästchen!

Upps kommt vom Planeten ☐☐☐☐☐☐ !

28c Upps spricht eine komische Sprache. Kannst du ihn verstehen? Verbinde!

Guten Aaamd	Zahnbürsten
Schrubber	Guten Abend
Schänepuschen	Milchzähne
Knilchzähne	Zähne putzen

28d In welcher Zeile erfährst du die Hautfarbe von Upps?

Sie steht in Zeile ☐ !

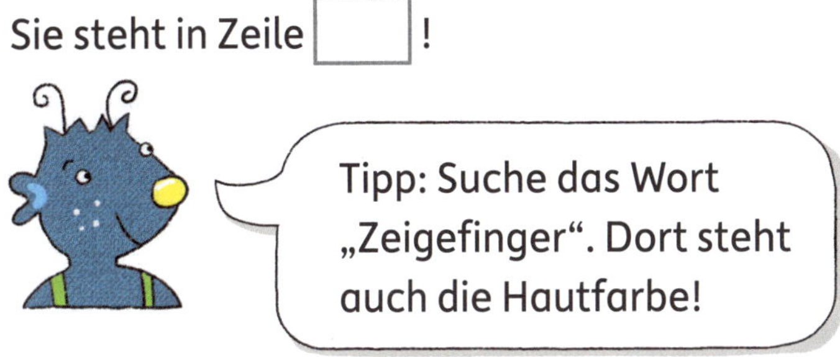

28e Wie hat Lucas seine Zähne verloren?

- ◯ Er hat sie beim Essen versehentlich verschluckt.
- ◯ Er hat sie herausgedreht. Sie haben schon gewackelt.

28f Upps verjagt gerne die Zahnteufelchen! Womit verjagst du sie? Verbinde nach dem ABC!

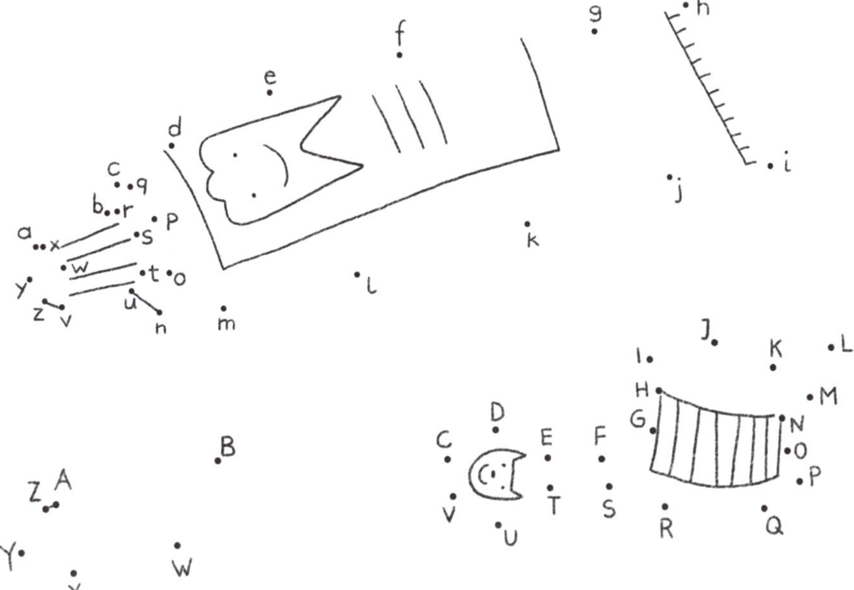

29 Frodo Frosch sagt das Wetter an

Frodo Frosch hat das Wetter beobachtet und dabei leider alles durcheinandergebracht.

29a Lies den Wetterbericht aufmerksam durch.
Male den Kreis **rot** an, wenn der Satz zu Mimo passt.
Male ihn **blau** an, wenn er zu Pumo passt.

- ◯ Die Sonne zeigt all ihre Kraft. Es wird ein heißer Tag.
- ◯ Der Wind weht kräftig und bringt kühle Luft zu uns.
- ◯ Niederschlag ist nicht zu erwarten.
- ◯ Heute wird es windstill sein.
- ◯ Es ist dicht bewölkt.
- ◯ Es fällt starker Regen, vielleicht wird es auch hageln.

So schreibt sich Frodo Frosch den Wetterbericht auf:

	Montag	**Dienstag**	**Mittwoch**
Temperatur	18° C	22° C	16° C
Niederschlag	starker Regen	kein Niederschlag	sehr oft Schauer
Windstärke	windstill	windstill	starker Wind

29b Sieh dir die Tabelle an und beantworte die Fragen!

Welcher ist der wärmste Tag?

○ Montag ○ Dienstag ○ Mittwoch

An welchen **zwei Tagen** brauchst du Gummistiefel?

○ Montag ○ Dienstag ○ Mittwoch

Wann würdest du einen Drachen steigen lassen?

○ Montag ○ Dienstag ○ Mittwoch

An welchem Tag regnet es nicht?

○ Montag ○ Dienstag ○ Mittwoch

Lesemonster-Mini-Wörterbuch

bewölkt = viele Wolken sind am Himmel

es hagelt = es regnet kleine Eisklumpen

Niederschlag = Regen

Schauer = kurzer, aber kräftiger Regen

30 Der kleine Drache Kokosnuss und die starken Wikinger

Ein wärmendes Feuer

Ein kalter Wind fegt über die Dracheninsel. Der kleine Feuerdrache Kokosnuss, das Stachelschwein Matilda und Oskar der Fressdrache haben in ihrer Höhle in der Klippenschlucht ein Feuer entzündet und wärmen sich die Pfoten.

„Meine Eltern sind gestern in die südliche Südsee geflogen", sagt Kokosnuss. „Wenn ich größer bin, kann ich auch so weit fliegen."
„Ich möchte auch einmal in die südliche Südsee", sagt Oskar und blickt auf die Schlucht hinaus, hinter deren Biegung sich das Meer öffnet. „Am besten wir bauen ein Schiff", sagt der Fressdrache. „Mit einem rot-weiß gestreiften Segel."

„Wieso denn rot-weiß gestreift?", fragt Matilda.
„Das sieht schick aus, wie das Segel von dem Schiff, das gerade in die Bucht fährt."
„Wie bitte?", fragen Kokosnuss und Matilda.
Der kleine Feuerdrache und das Stachelschwein gucken nach draußen. Tatsächlich. Ein Schiff mit einem rot-weiß gestreiften Segel und langen Rudern kommt vom Meer in die Klippenschlucht.

Helme mit Hörnern?

Das Stachelschwein kneift die Augen zusammen. „Ach, du dickes Ei! Das sind Wikinger!“ „Wikinger?“, wiederholt Kokosnuss. „Ja, sieh doch, die haben Helme mit Hörnern, echte Wikinger!“ „Hm“, murmelt Oskar. „Ich habe gerade ein Buch über Wikinger gelesen. Da steht drin, dass die in Wirklichkeit gar keine Hörner an den Helmen haben.“

„Die kommen genau auf unsere Bucht zu!“, ruft Matilda aufgeregt. „Schnell!“, sagt Kokosnuss. „Wir löschen das Feuer, damit sie den Rauch nicht sehen!“ Flink treten die Freunde das Feuer aus. Sie beobachten, wie einer der Wikinger mitsamt einer Holzkiste von Bord geht. Das Schiff dreht bei und fährt wieder auf das Meer hinaus. Der Wikinger aber bleibt allein am Strand zurück.

Was machen wir nun?

„Der hat bestimmt etwas ausgefressen“, sagt Oskar. „Sonst würden die anderen ihn ja nicht hier aussetzen.“ „Kommt, wir fragen ihn mal!“, sagt Kokosnuss und will zum Strand hinuntergehen.

Matilda zieht den Feuerdrachen zurück und flüstert: „Bleib lieber hier! Diese Wikinger sind gefährlich.“ Kokosnuss blickt zu Oskar hinüber und fragt: „Stimmt das?“

„Also, Schmusebärchen sind sie nicht gerade“, sagt Oskar. „Sie überfallen Leute und plündern Dörfer aus. Aber gegen Drachen haben sie nichts, glaube ich.“
„Und gegen Stachelschweine?“, fragt Matilda misstrauisch.
„Nicht, dass ich wüsste“, antwortet Oskar.
„Also“, verkündet Kokosnuss, „ich frage diesen Hörner-Wikinger jetzt. Kommt ihr mit?“
„Klaro!“, sagt Oskar.
Matilda seufzt und brummt: „Okidoki.“

Ingo Siegner

Falls dir der Text gefallen hat, kannst du in dem Buch „Der kleine Drache Kokosnuss und die starken Wikinger“ von Ingo Siegner lesen, wie das Abenteuer weitergeht.

Lesemonster-Mini-Wörterbuch

Klippen = Felsen, die im Wasser stehen

Schlucht = ein schmales Tal zwischen zwei Felsen

plündern = ausrauben

30a Drei Überschriften fehlen! Schreibe sie zu den passenden Absätzen in die Zeilen!

Schiff in Sicht   Südseeträume   Ein Wikinger am Strand

30b Wer sagt was? Verbinde!

Tipp: Achte auf die Überschriften der Absätze, dann findest du die Textstellen leichter!

Meine Eltern sind gestern in die südliche Südsee geflogen.

Fressdrache Oskar

Ach, du dickes Ei! Das sind Wikinger!

Stachelschwein Matilda

Feuerdrache Kokosnuss

Also, Schmusebärchen sind sie nicht gerade.

30c Wer kommt **nicht** in der Geschichte vor?
Streiche durch!

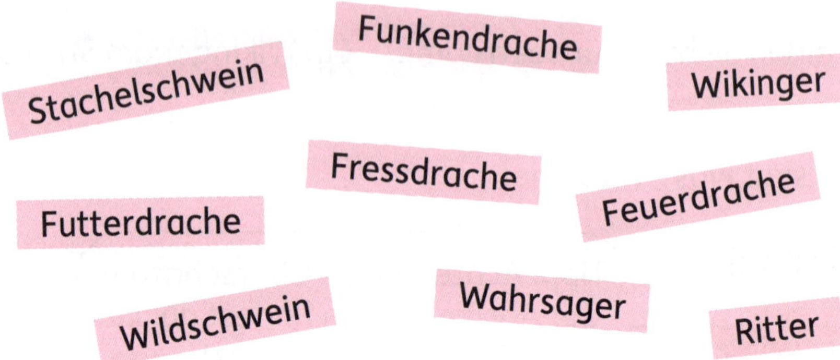

30d Kreise ein, was zur Geschichte passt!

1 Der kleine Drache Kokosnuss sitzt in einer Höhle.

2 Oskar und Matilda sind in der Südsee.

3 Das Segel des Wikingerschiffs ist rot und weiß.

4 Der Wikinger nimmt eine Holzkiste mit an Land.

5 Der Wikinger hat einen Helm ohne Hörner.

6 Matilda findet Wikinger sehr nett.

7 Oskar entdeckt das Wikingerschiff als Erster.

8 Kokosnuss möchte den Wikinger fragen, was er ausgefressen hat.

Zähle nur die eingekreisten Zahlen zusammen!

☐ + ☐ + ☐ + ☐ + ☐ = 23

31 Geheimschrift

Mimo hat sich eine Geheimschrift überlegt, um Pumo von ihrem nächtlichen Plan zu erzählen. Kannst du die geheime Nachricht auf dem Zettel lesen?

A	B	C	D	E	G	I	K	L
★	C	☞	I	[illegible]	D	✸	F	→
M	**N**	**O**	**R**	**S**	**T**	**U**	**V**	**W**
✿	⊙	{	+	◎	#	[illegible]	?	§

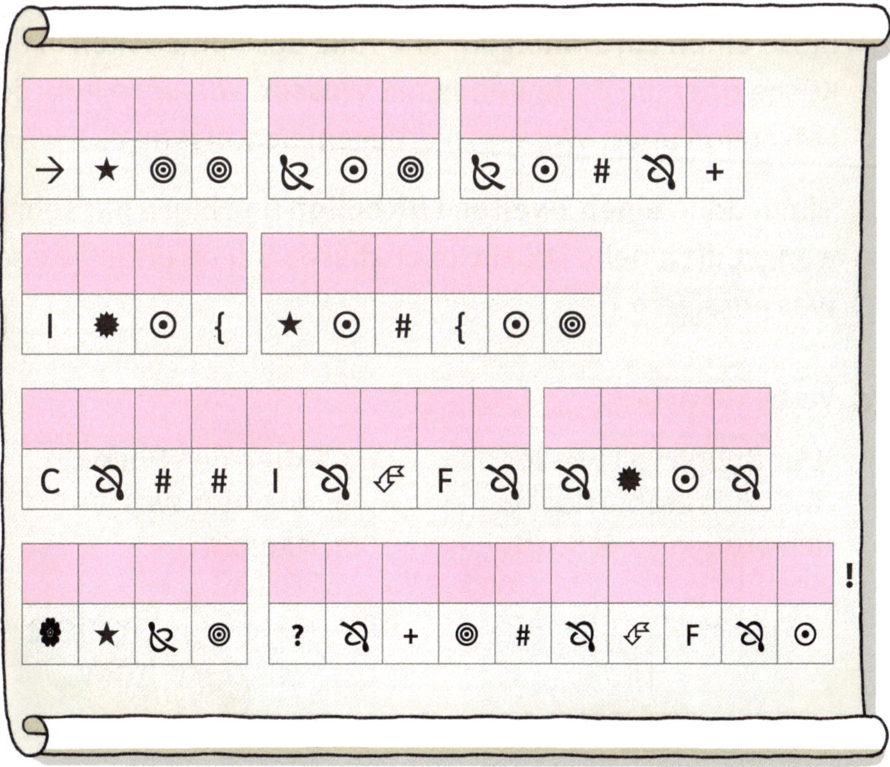

32 Können Fische pupsen?

Bestimmt hast du schon einmal gesehen, wie Fische in einem Aquarium gefüttert werden. Sie nehmen genauso wie du und ich Nahrung zu sich, die sie in ihrem Magen verdauen. Dabei entsteht auch bei Fischen manchmal Luft im Bauch, die wieder aus dem Körper heraus muss. Das passiert entweder durch Rülpsen oder Pupsen! Hat ein Fisch besonders viel Luft im Bauch, dann steigen sogar kleine Luftbläschen an die Wasseroberfläche!

Hast du Lust auf einen Versuch?

Blase **einen Luftballon** auf und fülle das **Spülbecken** in der Küche **oder** die **Badewanne** mit **Wasser**. Versuche nun, den Luftballon unter Wasser zu drücken! Schaffst du es?

Nimm dann **einen zweiten Luftballon** und blase nur sehr wenig Luft hinein. Drücke auch diesen Ballon unter Wasser! Was passiert?

32a Verbinde richtig!

Der Ballon will wieder an die Wasseroberfläche. Ich brauche viel Kraft.	Ich kann den Ballon leicht unter Wasser drücken.

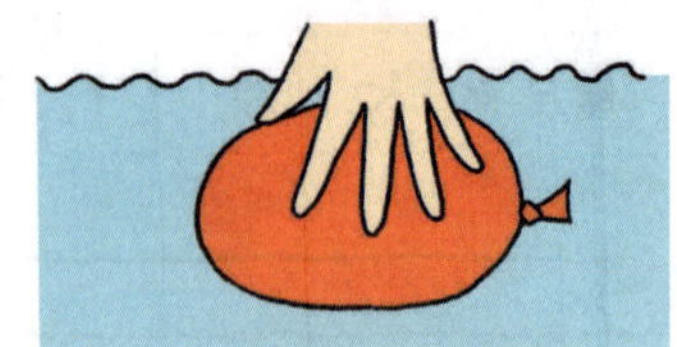

32b Wenn du gut nachdenkst, dann kannst du nach dem Versuch diese Frage sicher richtig beantworten:

Fische pupsen, weil ...

- ◯ sie das lustig finden!
- ◯ die Luft in ihrem Körper sie sonst an die Wasseroberfläche treiben würde!
- ◯ sie zu viele Bohnen gegessen haben!

Für Fisch-Forscher

Vor einigen Jahren haben Wissenschaftler entdeckt, dass Fische miteinander sprechen können. Hast du eine Idee, wie das wohl unter Wasser geht? Richtig: Sie pupsen – und das bis zu sieben Sekunden lang! So können sich die Fische eines Schwarms auch im Dunkeln verständigen.

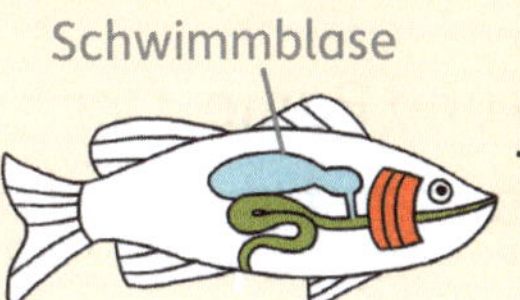

Die Luft zum Pupsen entsteht dabei jedoch nicht durch die Verdauung, sondern die Fische pressen Luft aus ihrer Schwimmblase nach außen.

▶ Zähle langsam von 21 bis 27! Das sind 7 Sekunden! So lange kann ein Fisch pupsen! Unglaublich, oder?

33 Der Traum vom Fliegen

Mimo und Pumo sind im Garten und reden sehnsüchtig darüber, wie schön es wäre, ein Vogel zu sein. Beide wollten schon immer einmal fliegen – nur stehen sie vor einem großen Problem: Lesemonster haben zwar Beine und Arme, aber leider keine Flügel.

„Es wäre doch gelacht, wenn wir das nicht hinbekämen!", denkt sich ihr Haustier Dino Anton und schleicht sich davon in den Siebeneulenwald. Dort wohnt Antons bester Freund, der Zauberer Hokipoki.

Hokipoki ist schon alt und verfügt leider nicht mehr über die zuverlässigsten Zauberkräfte, aber er ist gerne bereit, den beiden Lesemonstern ein paar Flügel zu zaubern.
Schnell gehen beide zurück zu Mimo und Pumo. Dort schwingt Hokipoki seinen rostigen Zauberstab und die große Zauberei beginnt:

„Hokipoki, Sonnenhut,
fliegen wäre wirklich gut,
Fledermaus und Storchennest
klebt an ihren Rücken fest!
Abrakadabra, ei-der-daus,
wir schauen mal, was kommt heraus!"

33a Wer schleicht sich in den Siebeneulenwald, um Hilfe zu holen?

◯ Mimo ◯ Pumo ◯ Dino Anton ◯ Hokipoki

„Oje, oje!“, jammert Anton. Was ist denn nun passiert? Links und rechts von seinem Kopf stehen zwei riesige Storchenflügel ab und an Mimos Schwanz hängt eine verschlafene Fledermaus!
Hokipoki bekommt ganz rote Bäckchen und räuspert sich verlegen: „Ähm, Entschuldigung, da hat sich ein kleiner Fehler eingeschlichen. Das haben wir gleich!“

„Hokipoki, Sonnenhut,
fliegen wäre wirklich gut,
Anton will am Boden bleiben,
die Fledermaus müssen wir vertreiben,
weiße Federn, Flügelschlag,
Monster fliegt nun in den Tag!
Abrakadabra, ei-der-daus,
wir schauen mal, was kommt heraus!“

„Ha, ha, ha, ha, ha!“, Mimo kringelt sich vor Lachen am Boden. „So was Lustiges hab ich ja noch nie gesehen! Pumo, du siehst aus wie ein gerupftes Huhn!“, gackert Mimo. „Überall hast du Federn am Körper und die stehen auch noch zu allen Seiten weg!“

33b Mimo, Pumo und Anton wurden verzaubert – nur leider nicht so, wie sie es wollten. Was gehört zu wem? Verbinde!

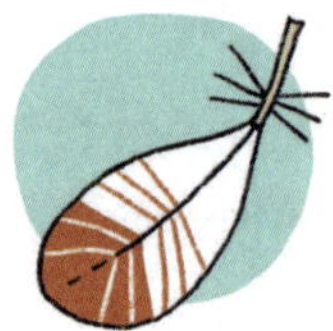

33c Setze die Wörter an der passenden Stelle ein!

Kopf	Rücken	Schwanz	Augen

Dino Anton traut seinen ______ kaum.

Vor ihm steht Mimo und an ihrem ______ hängt eine Fledermaus. Aber noch unglaublicher ist, dass an seinem ______ doch tatsächlich Flügel hängen. Oh, nein! Eigentlich sollten die Flügel doch am ______ der Lesemonster sein!

Pumo kann sich vor Schreck nicht bewegen. Stocksteif wartet er auf den erlösenden Zauberspruch von Hokipoki. Dem ist das alles natürlich schrecklich peinlich, aber einen letzten Versuch wagt er dennoch:

„Hokipoki, Sonnenhut,
fliegen wäre wirklich gut,
Zauberflügel im Monsternest
klebt E N D L I C H an ihren Rücken fest!
Abrakadabra, ei-der-daus,
Lesemonster fliegen hoch hinaus!“

„Ohhhhhhhhhhhhhhhh, Mimo, ich fliiiiiiiiiiiiiiiiiege!“, quietscht Pumo vergnügt. Aber seine Freundin kann ihn gar nicht hören, denn sie ist ganz darauf konzentriert, nicht an den nächsten Baum zu krachen. Fliegen muss man schließlich auch ein bisschen üben!

Hokipoki sieht ziemlich erleichtert aus und auch Dino Anton ist froh, dass der Zauberer sich doch noch an den richtigen Spruch erinnern konnte. Da packt Hokipoki plötzlich seinen superschnellen Turbobesen aus, schnappt sich Anton und gemeinsam mit Mimo und Pumo geht es auf eine abenteuerliche Flugreise durch den Siebeneulenwald!

33d **Drei Zeilen** sind in allen Zaubersprüchen **gleich**! Unterstreiche sie **im letzten Zauberspruch**!

34 Das fliegende Lesemonster

Hokipoki hat für dich eine Bastelanleitung gezaubert. Was für ein Glück – diesmal hat der Zauberspruch geklappt. Lies die Anleitung genau durch und bastle dir ein fliegendes Lesemonster!

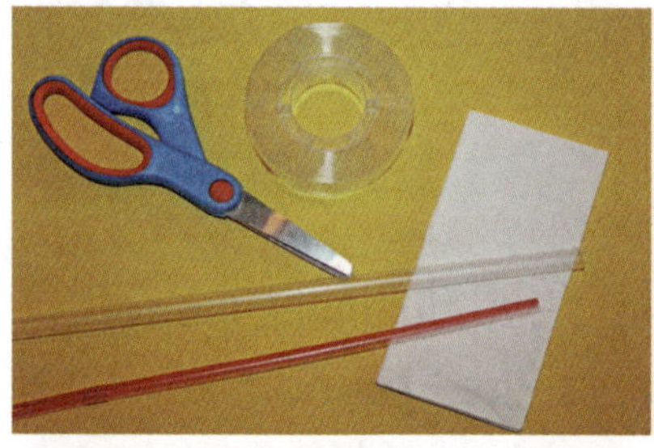

Lege einen **dicken Trinkhalm**, einen **dünnen Trinkhalm**, **Tesafilm**, **Schere** und ein **Papiertaschentuch** bereit.

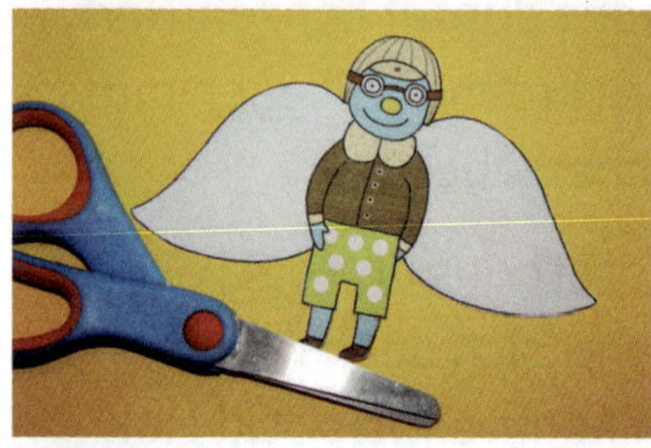

Schneide mit deiner **Schere** das **Lesemonster mit Flügeln** aus. Du findest es **auf der letzten Seite des Lösungshefts.**

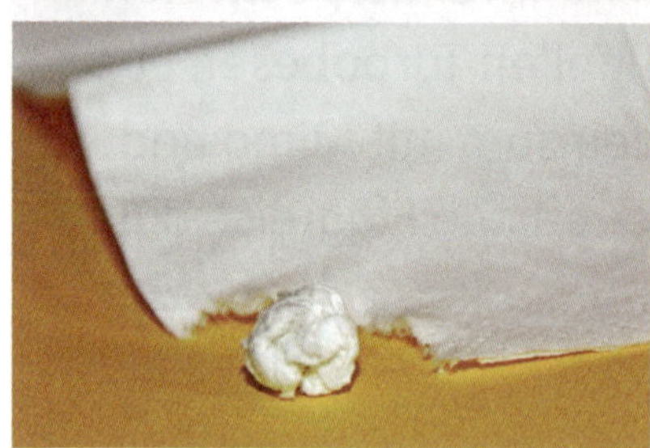

Reiß ein Stück **Taschentuch** ab und forme daraus eine **Kugel**.

Stopfe die Kugel in ein Ende des **dicken Trinkhalms** und klebe Tesafilm darüber.

Lege das Lesemonster **umgedreht** auf den Tisch. Klebe es mit **Tesafilm** an den **dicken Trinkhalm**.

Stecke den **dünnen Trinkhalm in den dicken Trinkhalm**. Du musst den dicken Halm vielleicht mit der Schere etwas kürzer schneiden.

Nun sprich zuerst laut und deutlich:
Abrakadabra, ei-der-daus,
das Lesemonster fliegt hoch hinaus!
Nimm dann den dünnen Trinkhalm in den Mund und puste hinein!
Viel Spaß!

35 Ein kleiner Vampir in Not

Lies den Text und beantworte die Fragen!

Tipp: Manchmal sind auch mehrere Antworten richtig!

Ferdinand ist anders. Ferdinand ist ein kleiner Vampir. Mit 387 Jahren ist er ziemlich jung und darf noch nicht alleine durch die Gegend fliegen. Also muss er sich seinen Eltern und kleinen Geschwistern anschließen.

35a Ferdinand ist erst …

- ◯ 387 Jahre alt.
- ◯ 378 Jahre alt.

35b Der kleine Vampir fliegt mit …

- ◯ seinen kleinen Geschwistern umher.
- ◯ seinen Eltern umher.

Das wäre ja eigentlich gar nicht schlimm, aber Ferdinand hat ein großes Problem. Er kann kein Blut sehen. Sofort wird ihm schlecht. So schlecht, dass er sich gar nicht mehr bewegen kann. Er liegt dann am Boden wie ein Häufchen Elend und zittert am ganzen Körper. Das ist ihm natürlich schrecklich peinlich. Seine Brüder und Schwestern finden es richtig lustig, Ferdinand deshalb zu ärgern.

35c Ferdinand kann …

- ◯ keine Blumen stehlen.
- ◯ kein Blut sehen.

35d Das ist ihm ...

◯ peinlich. ◯ egal.

Aber was soll Ferdinand denn essen? Blut fällt ja leider aus, obwohl alle anderen Vampire es superlecker finden. Und immer nur in Ketchupflaschen beißen, findet der kleine Vampir auch ziemlich langweilig. Glücklicherweise lernte Ferdinand vor Kurzem Lea kennen – ein Menschenkind. Ein Menschenkind mit tollen Ideen!

35e Lea braucht keine Angst vor Ferdinand zu haben, weil ...

◯ er alt und langsam ist und Lea schnell weglaufen kann.

◯ er kein Blut mag und sie deshalb nicht beißen würde.

An diesem Abend war Ferdinand müde, hungrig und von Übelkeit geplagt von einem nächtlichen Flug nach Hause gekommen. Alle anderen hatten sich die Bäuche vollgehauen, nur Ferdinand brachte kein Schlückchen Blut hinunter. Vor lauter Verzweiflung wollte er es nun noch ein letztes Mal probieren und flog durch das offene Kinderzimmerfenster von Lea. Mit weit offenem Mund näherte er sich ihrem Hals und ...

35f Ferdinand war müde, ...

◯ hatte Hunger und ihm war schlecht.

◯ hungrig und er hatte Bauchweh.

„Nein, halt, du lahme Kröte! Was willst du von mir?“, rief

Lea. Ferdinand war so erschrocken, dass er vergaß zu bremsen, gegen die Wand flog und auf Leas Kopfkissen landete. Benommen richtete er sich auf und wollte schnell das Weite suchen, als Lea ihn am Arm festhielt. „Bist du etwa ein Vampir? Ein echter Vampir?", quiekte sie überrascht. „Oh nein, bloß das nicht auch noch!", dachte sich Ferdinand. Aber es gab kein Entkommen. Mit eisernem Griff hielt Lea den kleinen Vampir fest.

35g „Das Weite suchen" bedeutet:

- ◯ diesen Ort verlassen.
- ◯ an einem weit entfernten Ort etwas suchen.

35h „Mit eisernem Griff" bedeutet:

- ◯ jemanden mit Handschellen aus Eisen fesseln.
- ◯ jemanden sehr fest halten.

Zappeln half da leider nichts, außerdem war Ferdinand für Gegenwehr viel zu müde. „Ja, ich bin ein Vampir und ja, ich wollte dich beißen. Ich mag aber kein Blut und deshalb hab ich solchen Hunger! Richtigen Kohldampf hab ich! Und wenn du jetzt lachst, dann finde ich das doofer als doof!", sprudelte es genervt aus dem kleinen Kerl heraus. „Hmmm, du magst kein Blut! Da hab ich eine Idee. Hast du schon mal andere rote Sachen probiert? Vielleicht schmecken sie dir ja!", schlug Lea vor. „Ach pfui, pfui, pfui, bleib mir bloß mit Ketchup vom Hals. Das habe ich die letzten Jahre gegessen, aber richtig satt macht das auch nicht!"

35i Welcher Satz kommt im Abschnitt vor?

◯ Ich mag aber kein Blut und deshalb hab ich solchen Hunger!

◯ Ich mag aber kein Blut und deshalb hab ich richtig Hunger!

Na, dann schauen wir doch mal in unseren Kühlschrank. Da gibt es doch vielleicht andere rote Sachen, die dir schmecken könnten. Komm mit!

35j Kreise in Leas Kühlschrank ein, was dem kleinen Vampir schmecken könnte!

„Oh, wie köstlich, wie köstlich!“, schwärmte Ferdinand. „Davon brauche ich mehr!“ „Da muss ich erst beim Metzger Nachschub besorgen! Komm morgen Nacht wieder und du kannst dich bei uns richtig satt essen“, versprach Lea. Grinsend fragte Ferdinand: „Sind wir jetzt Freunde?“ „Wie cool, wer hat schon einen echten Vampir als Freund“, antwortete Lea und umarmte den kleinen Vampir glücklich.

35k Was isst Ferdinand so gerne? Schreibe es auf:

36 Mimo und Pumo auf Verbrecherjagd

Charlie Schlitzohr ist ein gefährlicher Räuber. Nichts ist vor ihm sicher: Banken, Schmuckläden, Supermärkte ...

Überall versucht er an eine dicke Beute zu kommen. Diesmal hat er den Kiosk im Tierpark überfallen. Mimo und Pumo wollen den Räuber fangen – mit deiner Hilfe!

Für diese Aufgabe benötigst du die **Karte**, die sich **auf Seite 81 dieses Heftes** befindet. Schneide sie am besten heraus!

Suche auf der Karte die Zahl 1. Fange auf der nächsten Seite bei der Zahl 1 zu lesen an.

1 Start: Mimo und Pumo stehen bei Polizist Herrn Spürnase. Er gibt ihnen den ersten Tipp: Charlie Schlitzohr wollte von niemandem gesehen werden und hat sich für den menschenleeren Weg entschieden. (Tipp: Sieh nun auf der Karte nach, welchen Weg Charlie genommen hat. **Auf diesem Weg steht eine Zahl. Lies bei dieser Zahl weiter!** Und nicht vergessen: Zeichne den Weg in die Karte ein!)

2 „Gleich haben wir dich, Charlie Schlitzohr!", ruft Pumo, als er die frischen Fußspuren im Sand entdeckt. Die Kinder am Spielplatz berichten, ein Mann mit einem schweren Sack wäre kurz bei der Schaukel gestanden. Er habe gesagt, er sei hungrig und sei dann schnell davongelaufen.

3 Bingo! Hinter dem Busch finden die beiden Lesemonster Charlies Maske. Allerdings haben sich die Seehunde sehr über den Räuber aufgeregt und waren entsetzlich laut. Daher versuchte Charlie einen neuen Trick und setzte sich als harmloser Zoobesucher auf die Bank neben die alte Dame.

4 Neben zwei neugierigen Kindern wollte Charlie nicht sitzen. Lies nochmal bei Nummer 3 nach, wer neben ihm auf der Bank saß.

5 Oh Mann, vor lauter Panik ist Charlie tatsächlich wieder zum Kiosk zurückgelaufen. Er sah Mimo und Pumo schon um das Krokodilsgehege kommen und dachte wohl, dass die beiden auf diese Idee

nie kämen! Falsch gedacht, Charlie Schlitzohr! Drei Meisterdetektive (Mimo, Pumo und du, lieber Leser!) haben den Räuber aufgespürt und übergeben ihn natürlich sofort an die Polizei. Herzlichen Glückwunsch!

6 Hier stehen drei Zoobesucher und Charlie wollte doch nicht gesehen werden. Diesen Weg ist Charlie also nicht gegangen. Lies nochmal, was bei Nummer 1 steht.

7 Super, diesen Weg hat Charlie genommen. Ein Tierpfleger erzählt Mimo und Pumo, dass ein Mann schnell vorbeilief, als er gerade die Löwen fütterte. Er versteckte sich hinter dem nächsten Busch!

8 Auf diesem Spielplatz gibt es zwar auch eine Schaukel, aber die ist rot. Lies noch einmal bei Nummer 11 nach, welche Farbe die Schaukel hatte.

9 Zu diesem Busch müsste Charlie zu weit laufen. Findest du noch einen Busch, der näher an Nummer 7 steht?

10 Das Restaurant hat leider wegen Umbau geschlossen. Findest du noch eine andere Stelle im Tierpark, an der man sich etwas zu essen kaufen kann?

11 Tatsache! Die alte Dame kann sich an den Räuber erinnern. „Er war sehr nervös und schaute sich immer um“, berichtet sie. Deshalb hielt er es nicht lange auf der Bank aus und lief zur blauen Schaukel auf den Spielplatz.

Eine Geschichte für dich

Jetzt bist du mit Sicherheit ein richtiger Leseprofi. Oder sogar schon ein kleines Lesemonster? Zum Schluss haben wir eine lustige Geschichte für dich über einen Esel, der das Lesen lernt. Lass dich überraschen, ob er das so gut kann wie du? Viel Spaß dabei!

Wie Till Eulenspiegel einem Esel das Lesen beibrachte

Kennst du Till Eulenspiegel? Er reiste im Mittelalter von Stadt zu Stadt und war ein rechter Spaßvogel, der seine Freude daran hatte, anderen Leuten einen Streich zu spielen.

Eines Tages kam Till Eulenspiegel nach Erfurt, eine Stadt in Thüringen. Kaum dort angekommen, hängte er an die Wand des Rathauses ein Plakat, auf dem stand:

Bekanntmachung:

Ich bringe jedem Lebewesen das Lesen bei.

Till Eulenspiegel

Als die Leute das lasen, dachten sie: „Das ist wieder einer von Eulenspiegels Streichen." Und sie wollten ihn daher selbst reinlegen. So gingen sie zu ihm und verlangten dreist: „Kannst du auch einem Esel das Lesen beibringen?" Natürlich dachten die Leute, das wäre unmöglich. Doch Till Eulenspiegel nahm die Herausforderung an, sagte aber: „Ich brauche wohl mindestens drei Jahre bis der Esel lesen kann, schließlich ist er kein besonders schlaues Tier. Aber die ersten Buchstaben wird er sicherlich bald können." Das sahen die Leute ein und man war sich schnell einig, was Till als Lohn bekommen solle: „Die ersten 500 Taler bekommst du, sobald der Esel die ersten Buchstaben beherrscht, nochmals 500 Taler, wenn der Esel richtig lesen kann." Damit war Till einverstanden.

Sogleich führte Till Eulenspiegel den Esel an einem Strick in den Stall. Dort begann er mit dem Esel zu üben. Er legte ein großes altes Buch, das er sich besorgt hatte, in die Futterkrippe. Zwischen die Seiten des Buches streute er Haferkörner. Der hungrige Esel begann sofort die Seiten hin- und herzustupsen, um an die Körner zu kommen. So lernte er tatsächlich, mit seinem Maul Blatt für Blatt umzublättern, so dass es für Außenstehende aussah, als würde er lesen. Als er aber keine Körner mehr finden konnte, beschwerte er sich mit einem lauten „I-a, I-a!" Darauf hatte Till Eulenspiegel nur gewartet.

Sofort ging Till zu den Leuten und fragte sie: „Wollt ihr schon sehen, welche Fortschritte der Esel gemacht hat?“ Die Leute konnten sich nicht vorstellen, dass Till Eulenspiegel schon irgendetwas erreicht hatte. Aber sie gingen neugierig mit in den Stall. Insgeheim freuten sie sich schon darauf, dass Till sich lächerlich machen würde.

Doch Till Eulenspiegel war sehr überzeugt von seinem Talent. Er legte wieder das alte Buch in die Krippe. Sofort kam der hungrige Esel, stürzte sich auf das Buch und blätterte, so wie er es gelernt hatte, die Seiten mit dem Maul um. Allerdings war diesmal kein einziges Haferkorn darin zu finden. Da wurde der Esel ungeduldig und rief so laut er konnte: „I-a, I-a!“

Till Eulenspiegel sah die Leute stolz an und sagte: „Seht ihr, zwei Buchstaben hat er bereits gelernt. Morgen beginne ich mit dem O und dem U. Sicherlich wird er auch diese Buchstaben bald gelernt haben.“ Die Leute waren erstaunt, dass Eulenspiegel so schnell schon Fortschritte gemacht hatte. „Das gibt es doch nicht!“, wunderten sie sich. „Wirklich sehr beeindruckend!“, raunten sie und gaben ihm, wie es abgemacht war, die ersten 500 Taler. Sie waren schon gespannt, wie weit Till noch mit dem Esel kommen würde. Mittlerweile waren sie überzeugt, dass Till Eulenspiegel dem Esel wirklich das Lesen beibringen würde.

Till Eulenspiegel allerdings machte sich mit dem Geld lieber schnell aus dem Staub, bevor die Menschen aus Erfurt merkten, wie er sie reingelegt hatte. Auf dem Weg in die nächste Stadt, dachte er bei sich: „Wenn du alle Esel in Erfurt klug machen wolltest, würde das viel Zeit kosten.“

Hat dir die Geschichte über den Esel, der lesen lernt, gefallen?
Übrigens kannst du auch in der 3. und 4. Klasse mit uns üben. Wir würden uns freuen, dich wiederzusehen.
Bis bald!

Liebe Eltern, bitte helfen Sie Ihrem Kind bei dieser Übung! So kann es sein Lesetempo steigern!

Unten stehen 48 Wörter, die beim Lesen und Schreiben sehr häufig gebraucht werden!

Lies die Wörter laut vor!

Ein Erwachsener soll mit der Uhr stoppen, wie lange du brauchst!

und	für	aus	euch
der	ist	er	um
von	im	hat	so
in	dem	nicht	bei
den	dass	ein	vom
die	sich	das	warum
zu	nach	bin	immer
mit	als	wir	nein
sie	auch	am	viel
eine	es	wer	mein
des	an	uns	werden
auf	wo	sind	ja

Trage die Zeit ein!

1. Versuch: ☐ Sekunden

Übe nun und lies vier Tage lang die Liste täglich dreimal laut vor!

Lies im Anschluss daran einmal laut vor und lasse wieder einen Erwachsenen die Zeit beim Vorlesen messen!

Trage die Zeit ein!

2. Versuch: ☐ Sekunden

Bist du schneller? ☺ ja ☹ nein

Übe nun und lies vier Tage lang die Liste täglich dreimal laut vor!

Lies im Anschluss daran einmal laut vor und lasse wieder einen Erwachsenen die Zeit beim Vorlesen messen!

Trage die Zeit ein!

3. Versuch: ☐ Sekunden

Bist du schneller? ☺ ja ☹ nein

Stichwortverzeichnis

Karte für Aufgabe 36

Verfolge den Weg und trage die Zahlen in der richtigen Reihenfolge ein.

1					

Kopiervorlage für Einladung

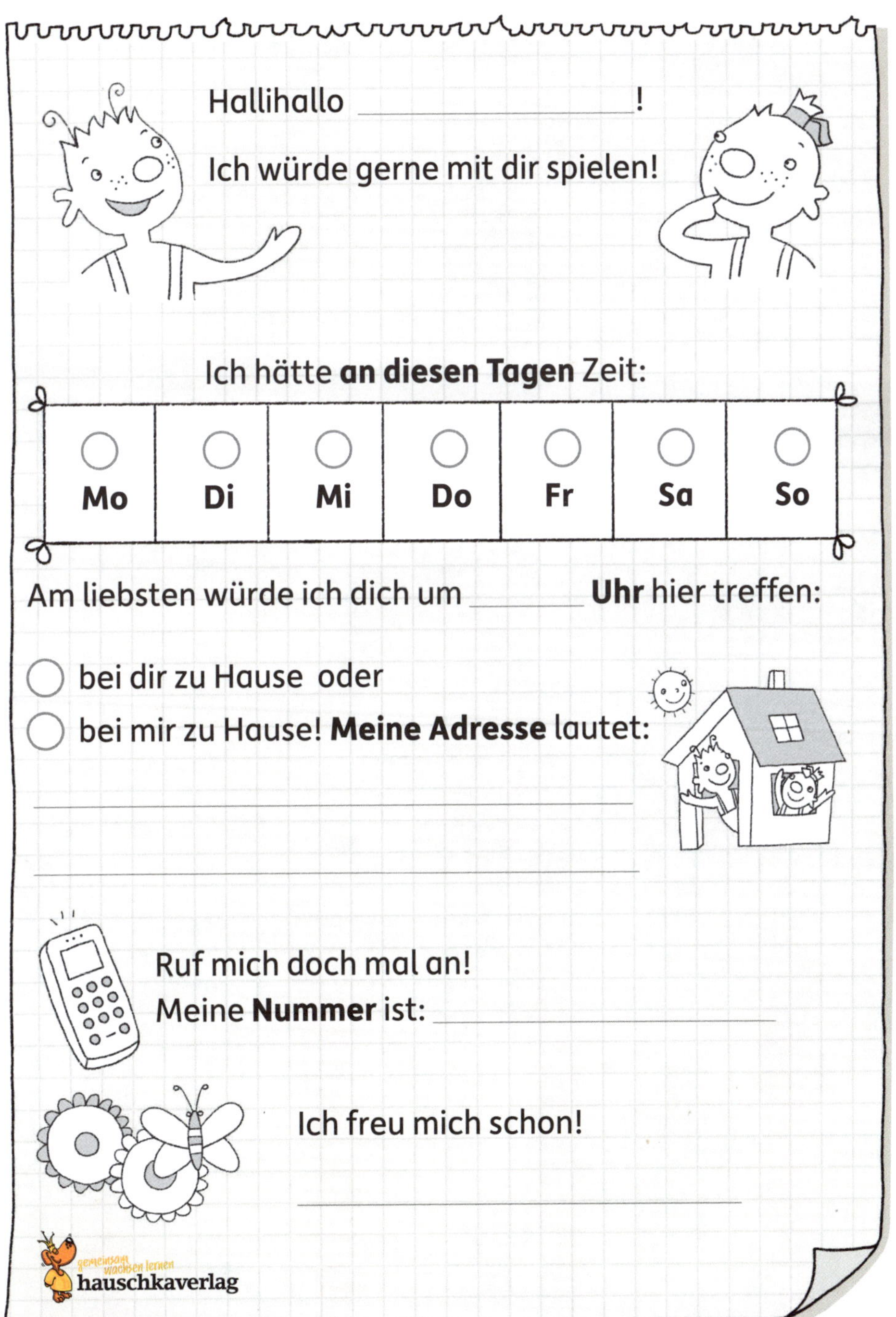

Hallihallo ______________________!

Ich würde gerne mit dir spielen!

Ich hätte **an diesen Tagen** Zeit:

○ Mo	○ Di	○ Mi	○ Do	○ Fr	○ Sa	○ So

Am liebsten würde ich dich um ________ **Uhr** hier treffen:

○ bei dir zu Hause oder

○ bei mir zu Hause! **Meine Adresse** lautet:

____

____

Ruf mich doch mal an!

Meine **Nummer** ist: ______________________

Ich freu mich schon!

____

Mein Rätselblock
Deutsch 2. Klasse
Marie liest gerne Bücher.
Marie frisst gerne Bücher.
Marie schnitzt gerne Bücher.
Charlotte geht spazieren.
Krawatte geht spazieren.
Karotte geht spazieren.
Rätselschatz
Deutsch 2. Klasse
gemeinsam wachsen lernen
hauschkaverlag
Entwickelt, gestaltet und gedruckt in Deutschland

LESEPROBE

A, E, I, O, U – verändere in jedem Wort nur einen Vokal und du erhältst ein neues Nomen. Schreibe es jeweils in die zweite Zeile. Verbinde mit dem passenden Bild.

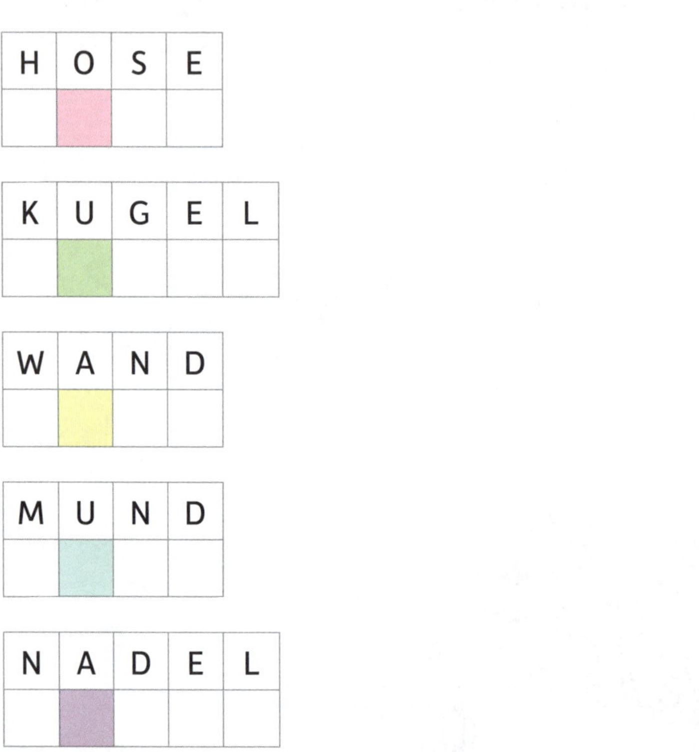

Füge alle Vokale ein und finde das Lösungswort.

Was hast du geschrieben? Kreise das passende Bild ein.

Ach, du Schreck! Fluffi hat den Einkaufszettel zerrissen. Jeweils zwei Teile gehören zusammen. Finde sie. Schreibe die Wörter nach dem Abc geordnet untereinander auf.

Von oben nach unten gelesen ergeben die farbig markierten Buchstaben ein Lösungswort.

Schreibe die Wörter zu den Bildern in die Kästchen.

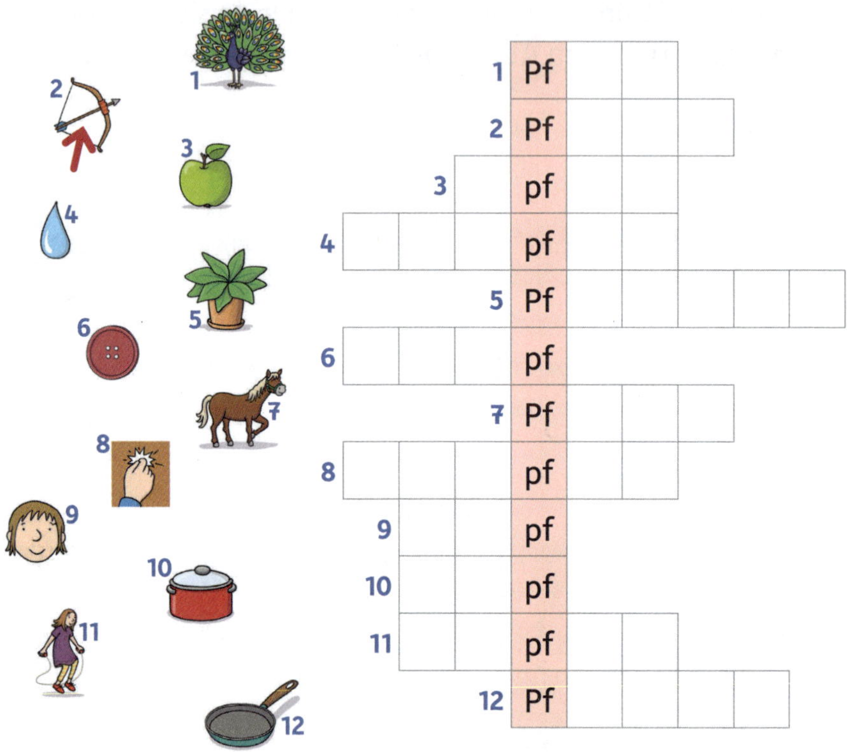

Tausche immer einen Buchstaben mit **Pf/pf** aus und du erhältst ein anderes sinnvolles Wort.

Seife		Zoo	
glücken		Dame	
Ton		Note	
Adel		kämmen	